이것이 우리가 원했던 나라인가

KI신서 9918

이것이 우리가 원했던 나라인가

1판 1쇄 발행 2021년 10월 6일
1판 2쇄 발행 2021년 10월20일

지은이 진중권
펴낸이 김영곤
펴낸곳 (주)북이십일 21세기북스

출판사업부문 이사 정지은
유니브스타본부장 장보라
인문기획팀장 양으녕 **책임편집** 최유진
디자인 형태와내용사이
마케팅본부장 변유경
마케팅2팀 엄재욱 이정인 나은경 정유진 이다솔 김경은
영업본부장 민안기
출판영업팀 김수현 이광호 최명열
제작팀 이영민 권경민

출판등록 2000년 5월 6일 제406-2003-061호
주소 (10881) 경기도 파주시 회동길 201(문발동)
대표전화 031-955-2100 **팩스** 031-955-2151 **이메일** book21@book21.co.kr

(주)북이십일 경계를 허무는 콘텐츠 리더

21세기북스 채널에서 도서 정보와 다양한 영상자료, 이벤트를 만나세요!
페이스북 facebook.com/jiinpill21 **포스트** post.naver.com/21c_editors
인스타그램 instagram.com/jiinpill21 **홈페이지** www.book21.com
유튜브 youtube.com/book21pub

서울대 **가**지 않아도 들을 수 있는 **명강**의! 〈서가명강〉
유튜브, 네이버, 팟캐스트에서 '**서가명강**'을 검색해보세요!

ISBN 978-89-509-9761-8 03300

진중권이 파헤친 위선적인 정권의 민낯
이것이 우리가 원했던 나라인가
진중권 지음
궤변과 망상으로 먹칠된 민주주의!
무시된 절차, 파괴된 규칙, 훼손된 법치
"국민은 기만당했다.
촛불은 배반당했다."
21세기북스

시작하며

그들은 어떻게 통치하는가

2016년, 팔로워 86만의 트위터 계정을 폭파하고 조용히 지내다 조국 사태에 휘말려 본의 아니게 은퇴 3년 만에 다시 불려나왔다. '진보'의 위선을 드러낸 조국 사태는 내 영혼에 큰 충격을 주었다. 의로운 친구와 동지로만 알았던 이들의 추악한 민낯을 보는 것만큼 괴로운 일도 없다. 내게는 세계가 무너지는 충격이었다.

왜 이렇게 되었을까

그 충격이 어느 정도 수습된 뒤 본격적으로 글쓰기를 시작했다. 방관만 할 수는 없지 않은가. 그래서 페이스북에 글을 올리기 시작했고, 그 글들은 정권에 실망한 이들 사이에 잔잔한 반향을 일으켰다. 그 후 글쓰기의 무대를 신문 지면으로 넓혔고, 《한국일보》에서 시작한 연재는 《중앙일보》와 《주간동아》의 지면으로 이어졌다.

이번 재보선에서 여당의 참패를 확인하고, 30대의 청년이 야당의 대표로 선출되는 것을 보고 지면의 연재를 멈추기로 했다. 내 역할은 끝났다는 생각에서였다. 이 책은 2020년 여름부터 올봄까지 《중앙일보》에 기고한 글들을 묶은 것이다. 그 대부분은 민주당에서 보여온 이상한 정치 행태의 원인을 분석한 것이다.

민주당은 대체 왜 저럴까? 내가 도달한 결론은 당의 정체성이 과거와 현저히 달라졌다는 것이었다. 지금의 민주당은 김대중, 노무현의 자유주의 정당이 아니다. '상왕' 이해찬이 지휘하는 '친문' 그룹의 운동권 조직일 뿐이다. 그나마 운동권 시절엔 지향하는 '가치'라도 있었지만, 지금 그들을 묶어주는 것은 지저분한 '이권'이다.

이번 언론중재법 파동은 민주당의 정체성 변질을 극명히 보여준다. 언론 현업단체들, 언론학계와 법학계, 민변을 포함한 시민단체들, 심지어 1970년대에 언론 자유를 위해 싸웠던 원로들까지 이 법안에 반대하고 나섰다. 외신기자협회와 국제신문협회는 물론이고 UN 인권최고대표사무소(OHCHR)에서까지 우려를 표명했다.

지금 민주당은 나라 안팎으로 고립되어버렸다. 여기서 그들이 얼마나 상식에서 동떨어져 있는지 확인할 수 있다. 어디 이번뿐이던가. 그동안 민주당은 오로지 언론·표현·집회의 자유 등 헌법이 보장하는 시민의 기본권을 제한하는 반反자유주의적 입법에 매진해왔다. 민주당이 민주주의를 파괴하는 해괴한 역설.

왜 이렇게 되었을까? 나의 추정은 민주당을 주도하는 586 세력이 과거에 자유민주주의를 제대로 배운 적이 없다는 것이다. 이들은 고등학교까지는 박정희식 국가주의, 즉 한국적 민주주의를 배웠고, 대학에 들어가서는 NLPDR(민족해방민중민주주의혁명론)을 배웠다. 당시 운동권에서 자유주의는 부르주아 반동사상으로 여겨졌다.

물론 이들이 과거와 같은 민중민주주의자인 것은 아니다. 그들도 지난 20년간 의회민주주의 틀 내에서 멀쩡히 활동해왔기 때문이다. 다만 철들어 배운 유일한 정치철학이 민중민주주의이다 보니, 그 낡은 습속이 몸속에 남아 자유주의 시스템과 번번이 충돌을 일으키는 것일 뿐이다. 일종의 문화지체 현상이라고 할까.

군부독재에 맞서 함께 싸우던 시절에는 사실 자유민주주의와 민중민주주의의 이념적 차이는 그리 중요하지 않았다. 그때는 '민주주의'를 굳이 자유민주주의와 민중민주주의로 구분할 필요가 없었기 때문이다. 하지만 김대중·노무현 대통령 서거 이후 586 세력이 당을 장악하면서 두 이념의 차이가 비로소 드러나기 시작한 것이다.

자유민주주의는 권력의 전횡과 부패를 막기 위해 입법부·사법부·행정부 사이의 상호 견제를 보장한다. 하지만 그동안 민주당은 다수결 독재로 이 삼권분립을 파괴하는 데에 몰두해왔다. 검찰개혁·사법개혁·언론개혁 등 민주당의 끝없는 개혁 드라이브는 결국 견제를 받지 않는 권력으로 군림하고픈 욕망에서 벌이는 일이다.

문재인의 '연성 독재' 아래에서 민주주의는 위기에 처했다. 이 연성 독재는 김어준이라는 정치 무당에게 세뇌된 광신적 집단의 대중독재와 맞물려 있다. 노무현 대통령의 참여민주주의는 이렇게 변질되었다. 586 정치인들은 이를 이용해 당의 헤게모니를 쥐고, 젊은 정치인들은 거수기로 전락해 레밍처럼 그들의 뒤를 따라가고 있다.

이 위기를 과장할 필요는 없다. 대한민국의 시스템은 아직 건재하기 때문이다. 선동과 세뇌, 공작 등 온갖 못된 짓으로 민주주의를 파괴하려는 그들의 시도는 성공하지 못했고, 앞으로도 성공하지 못할 것이다. 대한민국 시민들의 의식은 1987년 이전에 머물러 있는 수구반동 세력의 그것에 훨씬 앞서 있기 때문이다.

이 책은 민주당에 맞서 혼자 벌였던 싸움의 기록이다. 아직 386이었던 시절에는 그들에 맞서 싸우게 될 것이라고는 꿈에도 생각하지 못했다. 나도 나이가 들어 이제 60을 바라보는 퇴물이 되었다. 하지만 아직 어리석고 순수했던 386 시절에 우리가 함께 꾸었던 꿈들, 그 배반당한 꿈을 나는 아직도 사랑한다.

민주당은 대체 왜 저럴까? 내가 도달한 결론은 당의 정체성이 과거와 현저히 달라졌다는 것이다. 지금의 민주당은 김대중, 노무현의 자유주의 정당이 아니다.

이번만큼 '미래'가 통째로 실종된 대선은 일찍이 없었다. 이 답답함이 나만의 것일까? 누가 이기든 우리의 미래는 없어 보인다.

차례

시작하며_그들은 어떻게 통치하는가 4

제1부 윤석열 현상

01 윤석열이 던진 화두, 자유민주주의 16
02 윤석열의 정치는 무엇인가 24
03 윤석열의 메시지는 무엇인가 32
04 윤석열의 우클릭 40

제2부 덫이 된 검찰개혁

01 헬조선의 마왕들 50
02 303번의 묵비권 58
03 '대깨문'을 위한 신흥종교 66
04 지록위마의 야바위로 끝난 검찰개혁 74
05 검찰개혁은 왜 실패했는가 82

제3부 연성 독재와 훼손된 법치

01 법을 무기로 사용하는 이들 92
02 리버럴 정권의 '내면의 권위주의' 100
03 지금이 비상인지 말하는 자는 누구인가 108
04 히틀러도 '선출된 권력'이었다 116
05 '우리 편'들의 국정농단 124
06 법관 탄핵이라는 희생양 제의 132

제4부 국가보안법에서 민족보안법으로

01 해방전후사로 되돌아간 나라 142
02 민주당 586의 NL 상상계 150
03 민족주의와 북한문제 158

제5부 선동과 공작의 정치

01 프레임 전쟁 168
02 범법자와 법무부의 불결한 거래 176
03 망상과 공작으로 통치되는 나라 184
04 유시민의 파놉티콘 192
05 선동정치에 발목 잡힌 민주당 200
06 김어준은 왜 사과를 안 하는가 208
07 김어준 없는 아침이 두려운 사람들 216
08 그들은 세상을 어떻게 날조하는가 224

제6부 대중독재와 중우정치

01 트럼프 정권과 문재인 정권 234
02 당원투표와 민중주의 242
03 가해자중심주의, 민주당 성추행 잔혹사 250
04 민주당은 왜 혁신이 불가능한가 258

제7부 세대의 문제

01 평등도, 공정도 사라진 사회 268
02 20대는 왜 '국힘'으로 갔는가 276
03 남한 청년과 북한 노인 284
04 포퓰리즘 대신에 정책을 292

마치며_이제는 변화해야 한다 300

제1부
윤석열 현상

01

윤석열이 던진 화두, 자유민주주의

"윤석열이 사퇴 쇼를 하면서 '자유민주주의를 지키겠다'고 했다. 황교안과 진중권 역시 '자유민주주의를 위한 투사'가 되겠다고 한다. 이들은 그냥 '민주주의'를 말하지 않고 꼭 그 앞에 '자유'라는 형용사를 붙인다. 마치 '자유' 없는 민주주의는 앙꼬 없는 찐빵이요, 영혼이 빠진 육신인 양 말한다."

자유 없는 민주주의

정승일 복지국가소사이어티 정책위원의 말이다. 진보 진영을 대표할 만한 인물은 아니나 그의 말에는 이 정권의 실세 '586 세력'과 그 밑에서 어용질하는 자칭 진보 인사들이 공유하는 멘탈리티가 잘 드러나 있다. 자유 없는 민주주의는 당연히 앙꼬 없는 찐빵이지, 세상에 자유 없는 민주주의도 있던가. 그의 말을 계속 들어보자.

"자유주의와 민주주의는 그 역사적·사상적 계보와 개념이 사뭇 다르다. 민주정은 2500년 전 그리스 아테네에서 비롯되었다. 아테네 민주주의 공화국을 누구도 자유주의라 칭하지 않는다." 민망하게도 그는 민주주의의 '계보'를 잘못 알고 있다. 그의 말과 달리 현대 민주주의는 사실 아테네 민주정과는 아무 혹은 거의 관계가 없다.

오늘날의 민주주의를 낳은 근대 시민혁명은 아테네가 아니라 로마의 공화정을 모범으로 삼았다. 공화국 시절 로마는 민주정이 아니었다. 그런데도 시민혁명가들이 로마를 모범으로 내세운 것은 당시로선 군주의 사유물인 국가를 인민의 공적 소유로 돌리는 게 최고 과제였기 때문이다. 공화국은 '공적 사안res publica'이라는 뜻이다.

자유주의가 민주주의의 적인가

정승일은 자유주의를 민주주의의 적으로 본다. "19세기 내내 자유주의는 민주주의를 반대했다. 재산·자산이 없거나 적은 이들에게 선거권을 부여하자는 운동에 반대했고, 여성들에게 선거권 주기를 거부했다. 자유주의는 늘 특권적·귀족적 민주주의, 제한된 민주주의(재산 많은 남성 백인)였다. 존 스튜어트 밀 역시."

어이가 없다. 19세기 초 뉴욕주 헌법제정회의에서 재산 없는 이에게 선거권을 줄지를 놓고 아주 유명한 논쟁(켄트-부엘 논쟁)이 벌어졌다. 이 논쟁 끝에 "뉴욕 헌법은 자산 소유에 기초한 시민권의 '공화주의적' 정의를 개인의 법적 자율성에 기초한 '자유주의적' 정의로 대체"했다. 보통선거권의 도입은 보통 자유주의 개혁으로 여겨진다.

존 스튜어트 밀John Stuart Mill이 여성 선거권을 거부했다는 말은 황당하기 그지없다. 밀은 1866년 하원에 여성 선거권을 보장하라는 청원까지 했던 사람이다. 그는 성차별이 "그 자체로 잘못이며 인간 계발의 주요 방해물"이라며 양성의 "완전한 평등"을 주장했다. 정승일의 말과는 반대로 이렇게 서구 민주주의의 역사는 곧 자유주의의 역사였다.

반면 정승일이 모범으로 내세우는 아테네 민주정은 노예·여성·식민지 주민을 시민의 범주에서 배제했다. 그런가 하면 비범한 개인을 도편투표로 추방하고, 소크라테스에게 사형선고를 내리고, 선동당한 대중의 요구로 무고한 장군 여덟 명을 처형하기도 했다. 중우정치라는 아테네 민주정의 고질병은 자유주의라는 견제 장치가 없었기에 발생한 현상이다.

자유민주주의는 물신숭배 사상?

정승일에게 자유주의는 뭔가 나쁜 것이다. "자유민주주의의 실체는 자유주의이지 민주주의가 아니다. 그리고 자유주의는 시장주의('시장'을 지고지순한 가치로 숭상하는)이며 자본주의('자본'을 지고지순한 가치로 숭상하는)이고 따라서 물신숭배(시장과 자본이라는 '물thing'을 신처럼 숭상하는) 사상이다."

그는 자유주의를 돈 내고 돈 먹는 자유지상주의libertarian 정도로 이해한다. 이게 언제 적 이야기일까. 적어도 대공황 이후 현대의 자유주의는 시장에 대한 국가의 개입을 인정한다. 나아가 정의의 관점에서 경제적 평등의 의제까지 수용한다. 유럽의 사회국가가 보여주듯이 현대의 자유주의는 사회주의와도 결합한다.

자유민주주의liberal democracy는 오늘날 세계의 거의 모든 나라에서 채택한 정체다. 미국은 물론이고 사회적 시장경제를 가진 유럽 국가들도 정체로는 모두 자유민주주의를 운용한다. 자유주의 없는 민주주의 국가는 북한과 이란 정도. 하긴 물신 대신 인신을 숭배하는 나라들이니 인민들 영성은 깊겠다.

인민민주주의 대 자유민주주의

자유주의를 배척할 때 민주주의는 인민민주주의의 동의어가 된다. 그는 외친다. “1863년 미국 대통령 링컨이 정의했듯이 민주주의란 인민의, 인민에 의한, 인민을 위한 정부다. 굳이 ‘인민·민중’을 붙여 ‘인민민주주의’ 또는 ‘민중민주주의’라고 할 필요도 없이 민주주의는 그 자체가 인민 권력·민중 권력이다.”

그러고는 의기양양하게 외친다. “어이, 얼치기 좌파 · 우파들아, 미국 가서 링컨부터 공부하고 오시지 그래?” 그래서 링컨 공부를 좀 해봤더니, 인민 권력의 주창자 링컨이 정작 ‘인민’의 범주에서 흑인은 배제했다고 한다. 당시에 흑인 참정권을 주창한 것은 외려 랄프 왈도 에머슨Ralph Waldo Emerson, 찰스 섬너Charles Sumner와 같은 자유주의자들이었다.

여전히 '쌍팔년도 운동권식' 사고에 빠져 있으니 '자유민주주의를 지키겠다'는 당연한 말에 발끈할 수밖에. 문제는 이게 그만이 아니라 어느 정도로는 집권 586 세력 전체의 증상이라는 데에 있다. 민주주의를 윤석열 전 검찰총장은 자유민주주의로 이해한다면, 그들은 그것을 인민민주주의로 이해한다. 그러니 충돌이 발생할 수밖에.

안티 리버럴리즘의 정서

민주주의와 자유주의는 상호 보완적 관계다. 자유민주주의 체제는 민주주의의 다수결 원칙이 다수의 폭정으로 흐르지 않도록 개인의 자유, 소수의 존중 등의 자유주의 원리로 견제한다. 하지만 좌우익 전체주의자들은 이 둘을 서로 적대적 관계로 상정하는 특성이 있다. 그 대표적인 예가 나치 법학자 칼 슈미트Carl Schmitt다.

말이 '인민 권력'이지 아돌프 히틀러Adolf Hitler는 43퍼센트 득표로 집권했다. 자유 없는 민주주의의 문제는 이 43퍼센트의 뜻을 '인민 의지'와 동일시한다는 데에 있다. 거기에 반대하는 이들은 인민의 '적'으로 낙인찍힌다. 그래서 우리가 고작 41퍼센트의 득표로 집권한 대통령 밑에서 '토착왜구'로 살아가는 처량한 신세가 된 것이다.

자유 없는 민주주의는 법치를 파괴한다. 사회나 국가가 개인에게 가하는 제약은 법을 통해 이루어져야 한다. 이것이 고전적 자유주의의 신념이다. 그런데 전체주의자들은 바로 이 신념을 인정하지 않는다. 그들에게 법이란 그저 인민 의지로 포장한 자신들의 당파적 이익을 실현하기 위한 수단일 뿐이다.

더불어민주당(이하 '민주당') 의원들이 만드는 해괴한 법안들, 법무부 장관들의 초법적 행태, 자신들만 법의 예외로 두겠다는 '검수완박(검찰 수사권 완전 박탈)'. 이 모두가 운동권 시절의 낡은 인민민주주의 관념이 습속으로 남아 '법치(법의 지배)'라는 고전적 자유주의 원칙과 충돌하는 현상이다. 그 충돌이 결국 검찰총장의 사퇴를 낳은 것이다.

윤석열은 정치를 할 것인가

윤석열 검찰총장은 떠나며 "헌법정신과 법치 시스템이 파괴되고 있다"고 말했다. 여론조사에서 응답자의 56.6퍼센트가 이 발언에 '공감한다'고 답했다. 하지만 이 나라에선 '공감하지 않는다'고 답변한 37.6퍼센트의 의견이 공식 인민 의지다. 다수결이 아니라 소수결인 셈이다. 이것이 그 잘난 인민민주주의의 역설이다.

"진중권 같은 얼치기 좌파들은 그런 민주주의는 자유 없는 민주주의이므로 인민민주주의라고, 종북 세력이라고 비난한다." 내가 언제 그들을 '종북 세력'이라 비난했는가. 그동안 나는 외려 그들이 종북이 아니라고 누누이 강조해왔다. 그것은 잡범들을 사상범으로 대우해서는 안 된다는 나의 투철한 신념의 실천이었다.

표창장 위조하고, 부동산 투기하고, 나랏돈 삥땅하고, 위안부 할머니 등치고, 사기꾼에게 돈이나 받고, 댓글 조작하고, 선거 개입하고, 감찰 무마하고, 블랙리스트 만들고, 애먼 이들 음해하고, 부하직원 성추행하고, 돈은 어디서 났는지 제 자식 미제의 심장부로 유학 보내는 잡것들에겐 '종북'도 사치다.

02 윤석열의 정치는 무엇인가

정치를 하겠다고 한 것도 아닌데 여론조사에서 적합도 1위를 기록했다. 윤석열 전 검찰총장 이야기다. 작년 이맘때 이 사태를 미리 경고한 바 있다. 권력이 사법 시스템을 무력화하면 검찰총장은 정치로 내몰리게 된다. 법치를 무너뜨린 게 정치라면 그것을 세우는 일은 '정치적' 과제가 되기 때문이다.

누가 그를 정치로 내몰았는가

조국 사태 이후 당·정·청은 계속 검찰총장을 흔들어댔다. 노골적으로 사퇴를 요구하며 징계까지 했다. 그렇게 정치로 내몰더니 그 가능성이 현실화하자 부랴부랴 '윤석열금지법'을 발의했다. 이미 1997년에 헌법재판소는 검찰총장의 공직 취임 제한을 위헌으로 판정한 바 있다. 급하니 위헌적 입법까지 한 셈이다.

그를 유력한 대선후보로 만든 일등공신은 전현직 법무부 장관들. 조국 전 장관은 비리 수사를 막으려 '검찰 쿠데타' 프레임을 짰고, 추미애 전 장관은 그를 징계하려 했고, 박범계 장관은 '검수완박'의 기획으로 결국 그가 총장직을 지켜야 할 이유마저 없애버렸다. 대선후보 윤석열은 이렇게 탄생했다.

친여 매체도 중요한 역할을 했다. 《한겨레》 신문은 윤석열 전 검찰총장이 성접대를 받았다고 보도했다. 친여 성향의 검사가 확인 안 된 사실을 언론에 흘린 것이란다. 애먼 기자들 음해하더니 검언유착은 정작 자기들이 하고 있었던 게다. 그러더니 이제 그에게 "정치하지 마시라"(성한용 선임기자)고 훈수까지 둔다.

그 칼럼에 따르면 윤석열 전 검찰총장은 "정치 바람"이 들었다. 이유는 두 가지란다. 첫째, "여론조사에서 뜨면 멀쩡했던 사람도 눈이 돌아간다." 둘째, 특수통 검사 출신이라 "프레임을 짜 상대를 무너뜨린다는 점에서 선거를 치르는 정치인과 닮은 데가 있"기 때문이란다. 기자의 인식이 매우 천박하다.

그가 정치하면 안 되는가

"문재인 정부를 싫어하는 사람들"이 그를 대선주자로 띄웠단다. 하지만 그와 충돌할 때마다 정권의 지지율은 폭락하곤 했다. 그의 인기가 정권 반대자들의 정서적 혐오가 아니라, 정권이 자행하는 법치주의 파괴에 대한 중도층의 저항에서 나왔다는 이야기다. 기자에게는 이 부분에 대한 성찰이 전혀 없다.

정치인이 하는 일이 고작 "프레임을 짜서 상대를 무너뜨"리는 것인가? 국회 국민통합위원회의 조사에 따르면 다양한 분야의 전문가들 89퍼센트가 한국 사회의 분열과 갈등이 심하다고 대답했고, 그중 63.1퍼센트는 그 원인을 정치로 꼽았다. 이게 다 당·정·청이 손잡고 국민을 진영의 논리로 갈라치는 일만 계속해온 결과다.

기자는 윤석열이 정치를 하지 말아야 할 이유로 두 가지를 든다. "첫째, 할 수 없다. 정치 경험과 국정 경험이 없는 사람은 대통령을 할 수 없다. 윤석열 전 검찰총장이 경제와 외교를 알까?" 경제? 문재인 대통령은 대선후보 시절 이재명 후보로부터 제 공약도 모르냐는 핀잔을 들었다. 외교? 무슨 외교를 '죽창' 들고 하나.

"둘째, 될 수 없다. 지금 여론조사 수치는 반문재인 성향 유권자들의 화풀이에 불과하다. 거품이라는 이야기다." 모든 여론조사 수치는 어차피 거품. 현 대통령 지지율도 80퍼센트를 웃돌다가 지금 30퍼센트대로 추락하지 않았는가. 그 지지율을 굳히느냐 마느냐는 저 하기 나름. 기자가 미리 돗자리 깔 일은 아니다.

비리 수사를 막는 나라

"부패가 만연한 부패 공화국에서는 검찰총장 출신 대통령이 필요할 수도 있겠다. 그러나 대한민국은 부패 공화국이 아니다. 범죄율도 다른 선진국에 비해 현저히 낮다." 어이가 없다. 그렇게 깨끗한 나라에서 청와대 인사들의 범죄율은 왜 그리 높은지. 그래서 검찰총장이 대선후보로 불려나온 것 아닌가.

윤석열은 "평생 쌓은 특수 수사 경험을 살려 대한민국 수사기관의 반부패 역량을 높이는 데 기여"하란다. 증권범죄합동수사단 해체와 수사권 조정으로 LH 비리 앞에서 검찰의 발이 묶인 상황이다. 검찰의 수사권을 완전히 없애면 반부패 역량의 상실은 명약

관화한 일. 거기에 항의해 사퇴한 것 아닌가.

"'천하의 윤석열 검사'가 거악 척결이라는 풍운의 꿈을 안고 검사가 된 수많은 후배 검사들을 쪽팔리게 해서야 되겠는가." 윤석열 검사가 누구처럼 정권의 개노릇 했던가? 어용질하다 청와대 들어가 부동산 투기한 기자, 윤석열 씹어 총장추천위원 위촉받는 기자가 있는 그 신문사를 쪽팔려서 어떻게 다니는지 모르겠다.

윤석열이 정치를 할지, 어떤 정치를 할지, 하면 어느 쪽에서 할지 아직 모두 열려 있다. 벌써 견제에 들어가는 것을 보니 위기감을 느낀 모양이다. 윤석열에게는 출마할 권리가 있고 명분도 있다. 다만 그것만으로 대통령의 자격이 생기는 것은 아니다. 그 판단은 출마 후에 어떤 정치를 할지 들어보고 내려도 늦지 않다.

권력의 유혹

기자는 "정치 경험과 국정 경험이 없는 사람은 대통령을 할 수 없다"고 말한다. 정치 경험이 많은 대통령 둘은 지금 교도소에 있고, 국정 경험이 많다는 또 다른 대통령은 퇴임 후 교도소 안 가는 걸 아예 국정 목표로 삼고 있다. 반면 체코의 바츨라프 하벨Vaclav Havel 대통령처럼 경험이 없는 문인이지만 성공한 대통령이 된 이도 있다.

제대로 된 저널리스트라면 지금 이런 질문을 던져야 한다. '왜 이 나라엔 성공한 대통령이 없는가?', '왜 촛불혁명으로 집권한 정권이 그들이 청산한다던 그 세력이 되었는가?' 우리는 그 이유를 안다. 경험은 풍부하나 철학이 빈곤한 대통령이 그 직에 따르는 윤리적 기능을 포기해버렸기 때문이다.

코펜하겐대학교 소닝상 수락 연설에서 하벨은 "권력의 유혹과의 싸움에서 패하기 시작한 이들"의 특징을 지적한다. "자기는 오직 국가에 봉사하고 있을 뿐이라고 자기를 설득하는 가운데 스스로 자신이 탁월하다 믿게 되고 특권을 당연하게 여기게 된다." 바로 이 정권 사람들의 특징 아닌가.

하벨은 대통령의 특권 속에 살다 보니 자신이 "평생을 비판해온 그 공산주의의 살찐 괭이들의 세계로 들어가는 문턱에 서 있음을 깨닫는다"고 고백한다. 정치와 국정 경험이 전혀 없었던 그를 존경받는 대통령으로 만들어준 것은 이 성찰의 능력이었다. "권력을 쥐었기에 나는 끝없이 나 자신을 의심한다."

성찰 없는 원초적 힘

하벨과 대극을 이루는 것이 바로 조국 전 법무부 장관이다. 언젠가 그는 제 사회관계망 서비스(이하 'SNS')에 소주병 사진을 올리며 “대선 진로 좋은 데이” 이렇게 썼다. “고향은 언제나 ‘원초적 힘’을 불어넣어준다.” 그의 대선 출정가에는 윤리적 성찰은 없고 오직 ‘원초적’ 본능만 있다. 얼마나 천박한가. 이것이 그가 생각하는 정치다.

딸의 입시 비리로 아내가 구속된 마당에 버젓이 남의 딸 입시 부정 의혹 기사를 링크하는 것도, ‘검찰 쿠데타’라는 프레임으로 검찰을 무너뜨리려 하는 것도 다 그 ‘원초적 힘’의 발로이리라. 그 힘으로 그와 그의 친구들은 정치의 윤리적 차원을 폐기하고, 윤리의 최소한을 규제하는 법을 파괴해왔다.

조국 전 법무부 장관은 이 무책임한 정권의 표상이다. “부동산 부패는 검찰 책임이 크다.”(추미애) “수사권 있었을 때 검찰은 뭐했냐?”(박범계) “추미애 장관이 수사를 지시했지만 검찰은 아무 것도 하지 않았다.”(이낙연) 여기에 성찰은 없다. 부동산 정책의 실패마저 검찰의 탓으로 돌리는 프레임이 있을 뿐.

정치는 언제 부도덕해지는가

야당이라고 다르겠는가. 결국 정치권의 이 보편적 무성찰과 무책임이 윤석열 전 검찰총장을 대선후보로 불러낸 것이다. 그는 헌법정신과 법치주의를 말한다. 하지만 법은 그저 윤리의 최소한일 뿐이다. 법치의 파괴는 이 정권 사람들이 애초에 법의 토대인 윤리와 도덕 자체를 무너뜨린 결과로 발생한 것이다. 정치는 원래 부도덕한 것이 아니다. 하벨은 말한다.

정치란 도덕적 감성, 자신을 비판적으로 성찰하는 능력, 진정한 책임감, 취향과 기지, 타인과 공감하는 능력, 절제의 감각, 겸손을 더 많이 강조하려는 인간적 노력이 행해지는 장소다.

우리가 이것을 믿지 않을 때, 바로 그때 정치가 부도덕해지는 것이다. 정치를 할지 말지는 윤석열 자신이 판단할 몫. 다만 그가, 아니 그만이 아니라 대권을 꿈꾸는 모든 정치인들이 하벨의 연설문을 읽었으면 한다. 경제니 외교니 다 장관의 일. 대통령의 일은 국가의 방향을 제시하는 것이다. 이 나라의 가장 큰 과제는 정치의 윤리적 차원을 회복하는 것이며, 이것이 대중이 윤석열에게 투사하는 희망의 정체다.

기자는 "될 수 없다"고 단언한다. 그럴지도 모른다. 하지만 하벨은 말한다. "희망은 뭔가가 잘되리라는 확신이 아니다. 결과가 어떻게 되든 그게 옳다는 확실성이다." 정직은 최선의 방책, 원칙은 최선의 전술이다. 결과를 계산하지 말고 옳다고 생각하면 그냥 그 길을 가는 것 자체가 희망을 실현하는 길이다.

03

윤석열의 메시지는 무엇인가

출마 선언도 하기 전에 여당 주자들이 일제히 견제에 들어갔다. 정세균 전 국무총리는 "검찰개혁의 몸통은 윤석열"이라고 말했고, 이낙연 전 민주당 대표는 "편중된 경험이나 벼락공부로는 대통령이 될 수 없다"고 말했다. 이재명 경기도지사 역시 "예쁜 포장지 대신 내용물을 공개하라"고 요구하고 나섰다.

포장지 대신 내용물

정세균 전 국무총리의 발언은 무시해도 좋다. 국민이 아니라 강성지지층을 겨냥한 메시지이기 때문이다. '대깨문'이라는 신앙 공동체 내에서는 검찰개혁이 중요한 사안인지 몰라도, 국민 대다수에게는 그저 '서민들이 민생고에 시달리는 동안 민주당 고위 인사들의 특권만 대폭 향상시킨 사건'일 뿐이다.

이낙연 전 민주당 대표의 지적은 곧 시작될 검증의 방향을 보여준다. 세상을 검찰의 눈으로만 본다거나, 대통령이 될 준비가 부족하다는 지적은 그저 공세로만 치부할 게 못 된다. 실제로 많은 국민들이 그 부분을 궁금해하기 때문이다. 그 의구심을 일소하는 것은 윤석열 본인의 몫으로 남는다.

그보다 중요한 것은 '내용물을 공개'하라는 이재명 경기도지사의 지적이다. 앞으로 그가 자신의 콘텐츠를 공개하면, 이른바 '윤석열 현상'이 거품인지 아닌지 자연스레 가려질 것이다. 중요한 것은 '시대정신'이다. 지난 재보선의 결과는 그 시대정신 중의 하나가 '공정'의 가치라는 사실을 보여주었다.

윤석열 현상의 바탕에는 정권이 무너뜨린 공정에 대한 열망이 깔려 있다. 그걸 알기에 이재명 경기도지사도 그동안 내세워온 '기본 시리즈'를 뒤로 물리고 '성장과 공정'을 전면에 내세우고 있는 것이리라. '성장'으로 현 정권의 정책과 거리를 두고, '공정'으로 윤석열과의 차별성을 지우려는 것이다.

법적·형식적 공정을 넘어

윤석열을 공정의 상징으로 만들어준 것은 그동안 정권이 저질러온 불법·탈법·초법의 행태였다. 정권이 '내로남불'의 화신이 된 상황에서 국민은 '네 편 내 편' 가리지 않고 공정하게 칼을 대는 검찰총장에게서 진영의 차이를 넘어 사회의 기본 규칙을 다시 세워줄 인물이라는 기대를 품게 된 것이다.

울산시장 선거 개입, 월성원자력발전소(이하 '월성원전') 경제성 평가 조작, 김학의 불법 출금 등은 헌법과 법률을 무시한 사건들이다. 정권은 이런 불법과 초법적 행위를 일삼으며 '통치행위'의 이름으로 그에 대한 검찰의 수사를 방해해왔다. 그 결과 정권이 훼손한 법치를 회복할 인물로 자연스레 그에 맞서 싸운 윤석열이 주목받게 된 것이다.

저 하늘 위의 공정을 서민 자신의 문제로 각인시킨 것은 조국 사태였다. 민초들은 평등을 외쳐온 진보마저 기득권을 세습하고자 반칙을 일삼아온 것을 보고 분노했다. 그래서 조국 일가를 수사하다 온갖 고초를 겪고 물러난 그에게서 마음속으로 정권을 심판해줄 적임자를 찾게 된 것이다.

윤석열의 상징 자본은 이 법적·형식적 정의의 가치다. 하지만 이는 대권의 필요조건일 뿐 아직 충분조건은 아니다. 공정을 시대정신으로 만든 대중의 무의식에는 더 깊은 차원의 공정, 즉 경제적·실질적 정의에 대한 욕망이 깔려 있다. 문제는 이 채워지지 않은 대중의 욕망에 대답하는 것이다.

경제적·실질적 공정으로

조국 전 법무부 장관에 대한 대중의 분노에는 사실 보이는 것보다 더 깊은 근원이 있다. 그 분노는 '공정한 노력을 통해 위로 올라갈 수 있는 계층 사다리 자체가 사라졌다'는 깊은 좌절에서 나온다. 실제로 이 나라는 언제부터인가 급속히 그 지위와 특권이 세습되는 새로운 신분제 사회로 바뀌어가고 있다.

사실 한국만큼 평등한 사회도 없었다. 한국전쟁으로 모두가 잿더미에서 출발해 누구나 위로 올라갈 수 있었다. 하지만 그 활기는 오래전에 사라졌다. 이제는 부모의 경제력 차이가 자식들의 교육격차를 낳는다. 게다가 상류층에서는 반칙과 편법까지 동원하니, 오늘날 교육을 통한 계층이동은 거의 불가능해진 상태다.

'소득주도성장'이라는 말이 무색하게 소득격차는 줄지 않았다. 게다가 어차피 근로소득으로는 나날이 벌어지는 자산격차를 따라잡을 수도 없다. 원래 큰돈은 일하지 않고 버는 것. 그저 건물을 사고파는 것만으로 수억 원을 챙기는 곳에서 서민에게 허용된 계층 상승의 유일한 길은 '영혼까지 끌어 모아' 주식과 코인을 사는 것뿐이다.

사실상의 신분제와 세습제는 시장경제의 퍼포먼스를 저하시킨다. 온통 코인의 등락 그래프에 팔려 있는 정신에 창의와 혁신이 끼어들 틈이 없고, 그 이전에 노동 의욕이 생길 리 없다. 노동만으로 안정된 삶을 누릴 수 없으니 다들 아이 낳기를 꺼리고, 그 결과 이곳은 생물학적 재생산마저 위협받는 사회가 되었다. 이는 한국 자본주의의 위기다.

평등이냐, 공정이냐

이 위기에 여당의 주자들은 대증요법이나 남발하고 있다. 이재명 경기도지사는 대학 안 간 청년에게 1000만 원의 '해외여행비'를, 이낙연 전 민주당 대표는 전역자에게 3000만 원의 '사회출발자금'을, 김두관 국회의원은 모든 청년에게 5000만 원의 '기본자산'을, 그리고 정세균 전 국무총리는 신생아에게 1억짜리 '적립통장'을 마련해주겠다고 약을 판다.

전형적인 진보의 평등주의 정책이다. 이를 폄훼하고 싶지는 않다. 재원을 마련하는 게 어려워서 그렇지, 세금을 통한 재분배도 국가의 중요한 임무 중 하나이기 때문이다. 문제는 그것이 시장의 실질적 불공정에서 빚어지는 불평등을 사후적으로 완화하는 장치에 불과하다는 데에 있다.

이번 선거에서 반란을 일으킨 젊은 세대는 진보의 평등주의를 믿지 않는다. 그 어느 세대보다 능력주의의 성향이 강한 데다가, 평등을 외쳐온 진보의 위선을 똑똑히 보았기 때문이다. 이재명 경기도지사가 야심차게 준비한 이른바 '기본 시리즈'를 슬쩍 뒤로 물리고 성장과 공정을 전면에 내세운 것은 그에 대한 호응이 미지근했기 때문일 게다.

해외여행을 다녀온들 학력에 따른 차별이 사라지는가. 사회출발자금을 받은들 젠더가 평등해지는가. 그 돈을 받은들 아무리 일을 해도 집을 살 수 없는 현실이 변하겠는가. 젊은 세대는 게임의 결과를 사후적으로 교정하는 것보다 차라리 게임의 규칙 자체라도 공정하게 해달라고 요구하고 있다.

응답하라, 윤석열

윤석열 전 검찰총장이 대권에 도전할 뜻이 있다면, 삶의 질을 실질적으로 개선해달라는 대중의 요구에 답해야 한다. 앞으로 이 나라를 어디로 끌고 갈지 자신만의 메시지를 내놓을 때가 되었다. 대중은 그의 대답을 고대하고 있다. 더 늦어지면 국민의 피로도가 높아질 것이다. 이른바 검찰개혁은 마무리 단계로 접어들었다. 이 국면이 지나면 그의 이름이 상징하는 '법적·형식적 공정'의 의제는 대중의 관심에서 멀어질 게다. 그러니 자신이 선점한 공정의 의제를 법적·형식적 차원을 넘어 경제적·실질적 차원으로까지 확장시켜야 한다. 공정은 적당히 보수적인 가치다.

부모가 아닌 제 노력으로 계층이동이 가능하다는 믿음은 옅어지고 있다. 열심히 일하면 언젠가 보금자리를 마련해 소박하나마 안정된 삶을 살 수 있다는 믿음도 사라지고 있다. 일하지 않고 벼락부자가 된 이들에게 '벼락거지'들이 박탈감을 느끼는 것은 이 사회가 근본적으로 불공정하다는 이야기다.

남녀가 법적·형식적으로는 동등하다고 해도 어느 성으로 태어나느냐에 따라 소득과 지위는 달라진다. 설사 반칙과 편법을 뿌리 뽑고 경쟁에서 법적·형식적 공정을 완벽히 보장한다 해도, 이 사회에서는 어느 집에 태어나느냐에 따라 한 개인의 미래가 크게 달라진다. 경제적·실질적 불공정이란 이런 것을 말한다.

누구랑 할 것인가

중요한 것은 좌절한 국민에게 들려줄 정치적 '복음'이다. 민주당 주자들은 현금을 뿌리는 선심성 공약을 남발하고 있다. 집권 여당의 대표는 졸속으로 주택담보대출비율을 90퍼센트로 확대하겠다고 약속했다. 이들은 이렇게 이 사회의 문제와 진지하게 대면하는 대신에 모든 사안을 그저 선거 공학으로만 다루려 한다.

국민이 원하는 것은 힘들어도 열심히 일하면 삶이 나아질 거라는 바람이 배신당하지 않는 사회다. 이 소박한 꿈을 이루려면 진보적·보수적 정책의 실용적 조합, 그에 대한 정치적 합의와 사회적 대타협, 양쪽을 설득하기 위한 통합의 리더십 또한 필요하다. 민주당 정권은 그 점에서도 철저히 실패했다.

국민은 대통령에게서 슈퍼맨을 기대하지 않는다. 그들이 원하는 것은 문제를 정직하게 바라보고, 문제와 진지하게 씨름하고, 필요하다면 야당의 조언과 조력을 구하고, 반대하는 국민까지도 배제하지 않고 설득해 공동의 노력에 참여시키는 그런 평범하게 위대한 정치인이다. 물론 그의 노력이 실패로 끝날 수도 있다. 하지만 파우스트의 말처럼 "인간은 노력하는 한 실수하기 마련이다". 설사 실패하더라도 그 탓을 남에게 돌리지 않고, 제 잘못을 인정하고 반성할 줄 아는 정직한 정치인에게 국민은 절대로 등을 돌리지 않을 것이다. 이제는 윤석열의 메시지를 듣고 싶다.

04

윤석열의 우클릭

민주당 정권에 실망한 중도층은 보수 정권이라도 받아들일 준비가 되어 있다. 그들은 보수가 자기들이 수용 가능한 수준의 메시지를 내놓기를 기대했다. 하지만 윤석열의 메시지는 실망스러운 것이었다. 중도를 지향해야 할 지점에서 그는 돌연 국민의힘에 입당해 일관되게 '우향우'의 행보를 보여주었다.

이어지는 말실수

이 우경화가 당내 후보 경선에서 보수층의 지지를 얻기 위한 의도적 행위라면, 최소한 '전술적' 합리성은 가질 게다. 그 경우 대통령 후보가 된 후엔 다시 중도층을 겨냥한 메시지를 내놓을 것으로 예상되기 때문이다. 하지만 그것이 그의 인식 자체를 반영한 것이라면, 본선에서는 크게 고전할 것이다.

'주 120시간 노동을 허용해야 한다', '부정식품의 유통도 허용해야 한다', '후쿠시마에는 방사능 유출이 없었다', '다른 지역이라면 민란이 일어났을 것이다', '건강하지 못한 페미니즘 때문에 출산율이 낮아졌다' 등등. 거의 날마다 그는 실언을 거듭해왔고, 그때마다 의도가 잘못 전달되었다고 해명했다.

그의 '실언' 중에는 섬세함의 부족으로 인한 표현의 실수도 있고, 정적들이 특정 표현만 맥락에서 오려내 발언의 의도를 왜곡한 것도 있으며, '민란' 발언처럼 현장의 분위기에 과도하게 몰입하는 바람에 튀어나온 것도 있다. 문제는 이 실언들이 후보 개인의 철학을 바탕으로 한 것으로 보인다는 데에 있다.

'주 120시간 노동'이나 '부정식품 유통' 발언의 바탕에는 정부가 시장에 간섭해서는 안 된다는 자유지상주의 이념이 깔려 있다. '후쿠시마 방사능' 발언은 생태보다 효율을 중시하는 관념을, '건강하지 못한 페미니즘' 발언은 대책 없는 남성주의의 시각을 보여준다. 실언이 그저 실수에 불과한 게 아니라는 이야기다.

떠나가는 중도층

이는 윤석열 후보 캠프만의 문제가 아니다. 지난 재보선에서 압승한 후 국민의힘 내에서는 중도층 없이 독자적으로 집권할 수 있다는 생각이 팽배해졌다. 국민의힘 김재원 최고위원은 "중도층은 허상"이라고 잘라 말했다. 민주당 사람들도 작년에 똑같은 말을 했고, 그 결과는 재보선 참패로 나타났다.

이 경향이 당장 수정될 것 같지는 않다. 대선후보 경선을 앞두고 있어 각 캠프에서는 당내 보수층의 입맛에 아첨하기 위해 경쟁적으로 '우향우' 할 것이기 때문이다. 이는 당연히 '본선'에서 불리하게 작용할 것이다. 하지만 어느 캠프든 '경선' 승리에 눈이 멀어 있어 미리 '본선' 걱정할 여유는 없을 게다.

우경화는 중도층의 이탈을 부르기 마련이다. 새 정권이 과거의 보수 정권과 다를 바 없다면, 도대체 정권교체를 해야 할 이유가 무엇인지 알 수 없게 되기 때문이다. 이는 여론조사로 나타나고 있다. 한때 20퍼센트를 상회하던 '정권교체' 여론과 '정권유지' 여론의 격차는 최근 10퍼센트 안쪽으로 줄어들었다.

당 지지율은 물론이고 윤석열 후보의 지지율도 크게 떨어지고 있다. 대통령 후보 적합도에서 이재명 후보에게 1위 자리를 내줬고, 얼마 전부터는 양자 대결에서도 그에게 밀리는 여론조사 결과가 속속 발표되고 있다. 유권자들이 그가 과연 민주당 정권의 대안인가 회의하기 시작했다는 이야기다.

을이 아니라 갑의 시선

보수 후보가 보수의 메시지를 내는 것은 당연한 일이고, 과거와 달리 민주당 정권에 등을 돌린 유권자들은 기꺼이 보수 정권을 수용할 준비가 되어 있다. 문제는 보수의 메시지를 중도층이 용인 가능한 꼴로 가다듬는 것. 하지만 지금까지 윤석열 후보 캠프에서 낸 메시지들은 중도층에는 수용이 불가능해 보인다.

예를 들어 '주 120시간 노동' 발언은 창업주들의 입장만을 대변한다. 이런 발언을 하려면 그들과의 관계에서 '을'의 위치에 놓인 IT업계 노동자들의 목소리도 함께 들어봤어야 한다. 기업주의 목소리에만 귀를 기울일 때 고용시장에서 '을'일 수밖에 없는 대다수의 국민은 왠지 버려졌다는 느낌을 받게 된다.

'부정식품' 발언의 취지는 '과거 박근혜 정권에서 벌인 불량식품과의 전쟁에서 보듯이 공권력의 과도한 개입은 괜히 서민들의 생계만 곤란하게 한다'는 것이었다. 하지만 그 취지가 무엇이든 사회 고위층이 아닌 일반 서민들의 귀에 그 발언은 '우리 같은 서민은 아무거나 먹으라'는 소리로만 들린다.

"페미니즘이 정치적으로 악용되어 남녀 간 건전한 교제도 정서적으로 막는다는 이야기도 있다." 이 발언에서는 여성이 아닌 일부 남성들, 그것도 극소수 남성우월주의자의 편향된 시각이 엿보인다. 이렇게 그가 한 일련의 실언은 그가 '을'이 아닌 '갑'의 눈으로 사회를 보는 게 아닌가 하는 의구심을 갖게 한다.

프레임 설정의 문제

말하는 방식의 문제도 있다. '후쿠시마에 방사능 유출이 없었다'는 발언은 그의 해명대로 단순한 실언으로 보인다. '체르노빌과 달리 후쿠시마에서는 원자로 자체가 폭발한 것은 아니'라는 말이 실수로 빗나가버린 것이다. 실수는 조심하면 그만이지만, 단순한 실수를 넘어 프레임 설정의 오류를 보여준다.

후쿠시마를 경험한 대중은 원전의 위험성에 깊은 우려를 갖고 있다. 그렇다면 일단 이를 현실로 인정하고 대중의 우려에 깊은 공감부터 표해야 한다. 이 단계를 생략하고 섣불리 원전의 위험성을 상대화하려 들면 바로 상대가 깔아놓은 프레임의 덫에 걸리게 된다. 거기에 실언까지 겹치면 결과는 치명적이다.

그 경우 대중은 과연 윤석열 후보에게 원전의 위험성을 제대로 이해하고 있는지 의심부터 하게 된다. 나아가 이 문제에는 일본이 관계되어 있으므로 그런 식으로 접근하면 친일 프레임에 걸려들 수밖에 없다. 민주당 후보들이 '당신은 후쿠시마 오염수 방류에 찬성하느냐'고 따지고 들면, 뭐라고 대답할 것인가?

정부의 탈원전 정책에 대한 대안이 그냥 과거로 회귀하는 것이어서는 안 된다. 원전 찬성론과 반대론 모두 각자 강점과 단점이 있다. 그동안 정권이 추진해온 탈원전 정책의 문제를 부각시키는 가운데 찬반양론을 종합해 반대론자들까지 용인할 만한 대안을 마련해 새로운 '프레임'을 설정할 필요가 있다.

중도의 시선으로 보수를 말하라

조지 레이코프George Lakoff의 말대로 보수나 진보의 이념은 있어도 중도라는 이념은 존재하지 않는다. 어차피 선거란 35퍼센트의 보수와 35퍼센트의 진보가 30퍼센트의 중도층을 획득하기 위해 벌이는 싸움이다. 선거에서 이기려면 보수든 진보든 자신들의 이념을 날 것 그대로가 아니라 중도층에게 어필할 수 있는 형태로 다듬을 필요가 있다.

윤석열 후보 캠프에서 어떤 정책을 내놓을지 모르겠지만, 이제까지의 행보는 과거의 이념, 과거의 지지층에 갇혀 있다는 느낌을 지울 수 없다. 숲속에서는 숲의 모습을 볼 수 없듯이 보수층에 매몰된 상태에서는 보수의 모습을 볼 수 없다. 보수층에만 통하는 사회방언으로 보수층 밖의 사람들을 설득하는 것은 불가능하다.

중도 확장이 호남 출신, 민주당 출신, 문 정권 사람들을 영입하는 것을 의미해서는 안 된다. 물론 인사의 문을 넓히는 것도 나름 중도층에게 어필하는 방법 중의 하나이나, 그것이 본령일 수는 없다. 중요한 것은 과거의 '수구적' 행태를 청산하고 세련된 현대적 보수의 모습을 보여주는 데에 있다.

제1야당 사람들은 어떤 알 수 없는 이유에서 과거의 보수 세력을 복구하는 것만으로도 대선에서 이길 수 있다고 착각한다. 특히 재보선 압승 이후에 이 착각은 아예 확신으로 굳어진 것처럼 보인다. 하지만 국민은 그 선거를 통해 이미 한번 정권을 심판했다. 그게 대선에서도 재연될 것이라 믿으면 곤란하다.

과거의 보수는 이미 낡은 것이 되었다. 그 메시지를 리사이클링하는 것은 더 이상 통하지 않을 것이다. 시대에 맞는 새로운 보수의 이미지를 정립할 필요가 있다. 보수가 보수를 말하는 것은 당연한 일이다. 보수를 말하라. 하지만 그것을 중도의 시각으로 말하라. 20대 대선의 승패는 거기에 달려 있다.

제2부
덫이 된 검찰개혁

01

헬조선의 마왕들

추미애 사태는 기어이 제2의 조국 사태가 되고 말았다. 평등과 공정과 정의를 외치는 정권의 사람들이 실은 자기들의 성채에서 특권을 누려온 사실이 또다시 드러난 것이다. 대응의 기조도 그때와 똑같다. '적법'하다면 아무 문제도 없다는 것. 한 가지는 확실하다. '적법'하다는 그 방식으로 서민들이 자식을 시험 없이 의전원(의학전문대학원)에 보내거나 전화만으로 자식의 휴가 연장을 허가받는 일은 일어날 수 없다는 것이다.

범죄자들의 변명기법

오래전에 조국 전 법무부 장관이 SNS에 이런 글을 공유한 적이 있다. "범죄자들의 변명기법. ① 절대 안 했다고 잡아뗀다. ② 증거가 나오면 별것 아니라고 한다. ③ 별것 같으면 너도 비슷하게 안 했냐며 물고 늘어진다. ④ 그것도 안 되면 꼬리 자르기 한다." 문재인 정권은 조국과 그 가족의 비위 의혹을 정확히 이 '기법'으로 처리했다. 추미애 사건도 같은 궤적을 그릴 모양이다.

처음에 추미애 법무부 장관은 아들 일에 일절 관여하지 않았다고 잡아뗐다. "소설 쓰시네." 이는 금방 거짓말로 드러났다. 국방부에서 부모가 민원을 넣은 기록이 있다고 발표한 것이다. 국회의원실 보좌관이 부대로 여러 번 전화를 한 사실도 드러났다. 게다가 국방부 장관 정책보좌관이 통역병 선발과 관련해 여기저기 부적절한 청탁을 하고 다니다 "행동 조심하라"는 경고를 받은 사실도 밝혀졌다.

증거가 나오자 2단계로 넘어간다. "카투사 자체가 편한 보직이라 휴가를 갔냐 안 갔냐는 별로 의미 없는 이야기다."(우상호) "전화한 것은 사실인데 외압은 아니다."(김남국) "보좌진은 공사 경계선에 있어 문의 전화가 문제 안 된다."(홍익표) "부모자식 관계도 단절해야 하냐"(장경태)는 항변에 이어 심지어 "민원을 넣었다는 것은 권력을 행사한 게 아니라는 이야기"(설훈)라는 궤변까지 나왔다.

사건이 '별것'으로 번지니 3단계가 시작되었다. 지지자들이 "니네 자식도 까보라"고 외친다. 김남국 의원은 야당을 물고 늘어진다. "야당엔 군대 안 갔다 온 분들이 많다." 그런데 확인해보니 정작 병역을 면제받은 국회의원은 민주당이 야당보다 세 배나 많다. 병역을 면제받은 국회의원 2세 열다섯 명 중 열네 명이 민주당 소속이다. 이에 고무된 야당 의원들은 단톡방에서 군대 간 자식 사진 경연대회를 벌였다.

어떤 데자뷰

3단계까지는 여야 가릴 것 없이 고루 사용해온 기법이다. 민주당 고유의 종적 특성이 드러나는 것은 역시 4단계. 왜? 민주당의 사전에 '꼬리 자르기'란 말은 없기 때문이다. 조국도, 윤미향도, 추미애도 자르지를 않는다. 민주당의 방법은, 그들이 아무 잘못도 하지 않은 대안 세계를 창조해 국민을 그리로 이주시키는 것이다. 그 가상현실은 물론 유치한 음모론과 맹랑한 미담으로 지어진다.

민주당 김종민 국회의원은 이 모든 것이 "추 장관 중심으로 추진 중인 검찰개혁을 흔들어보려는" 음모라고 주장한다. 김어준은 아예 "탄핵을 부정하는 태극기 부대 작품"이라고 규정한다. 이 음모론과 짝을 이루도록 뭉클한 미담도 만들어졌다. 라디오 시사 프로그램 〈김어준의 뉴스공장〉은 익명의 카투사 출신을 내세워 추미애 아들 서 일병이 "십자인대 파열"이었다고 말했다. 그가 굳이 안 가도 될 군대를 간 애국자였다는 것이다.

국방부에서는 이 모든 게 '적법'했다는 해명을 내놨다. 그 해명은 사전에 민주당과 조율을 거친 것으로 드러났다. 애초에 국방부가 아니라 민주당의 입장이었다는 이야기다. 국방부가 법무부의 지청으로 전락한 셈이다. 그런데 그마저도 거짓이었다. 그 일이 있기 석 달 전 국방부에선 "진료 목적의 청원휴가는 최초 10일이며, 연장이 필요한 경우 군병원 '요양심사위원회'를 거치라"고 지시했다고 한다.

최선의 방어는 역시 공격이다. 추미애 법무부 장관은 폭로자와 그의 증언을 보도한 방송사를 고소해버렸다. 몇 년 전만 해도 그는 이렇게 말하고 다녔다. "내부고발자는 큰 결심과 용기를 필요로 하고 고발 이후엔 '배신자'라는 주홍글씨를 안고 살아가는 게 현실입니다." 그런데 고발이 자기를 향하니 생각이 바뀐 모양이다. 심지어 한 민주당 국회의원은 제보자를 '범죄자'라 부르며 검찰에 "철저한 수사"를 촉구했다.

장관과 엄마, 편리적 선택

분명한 사실은 서 일병이 휴가 연장을 허가받는 과정에서 부모 중 하나가 국방부에 민원을 넣고, 보좌관이 세 차례 전화를 했다는 것이다. 아울러 통역병 선발 과정에 민주당 출신 국방부 장관 정책보좌관의 로비가 있었다는 것도 사실로 밝혀졌다. 용산 배치 청탁 건 역시 "애초에 용산에 보내줬어야지"라는 서 일병의 카카오톡 메시지로 판단하건대 사전에 그것을 위한 움직임이 있었으리라 추정하는 게 자연스럽다.

사실은 허구로 지은 그들의 매트릭스를 위협할 수밖에 없다. 그래서인가? 추미애 법무부 장관이 발표한 사과문에는 일절 '사실'에 대한 해명이 보이지 않는다. 그저 국민이 반대하는 탄핵을 한 죄를 갚겠다고 국민이 시키지도 않은 삼보일배를 하다가 무릎을 다쳐 높은 구두를 못 신는 중증장애를 얻었다는 등 애절한 신파가 있을 뿐이다. 그래서 우리는 사과를 받고도 그게 '무엇'에 대한 사과였는지 아직 알지 못한다.

국회에 불려 나와서도 그는 '사실'의 확인을 모조리 피해갔다. "실제 보좌관이 전화했는지 여부, 또 어떤 동기로 했는지는 말씀드릴 형편이 못 됩니다." 민원을 넣은 게 남편이었냐고 묻자 "주말부부라 남편에게 물어볼 형편이 못 된다"고 대꾸했다. 자신은 거짓말을 한 적이 없단다. "저는 검은 것을 희다고 말해본 적이 없습니다." 맞다. 그저 검은 것이 검다고 "말씀드릴 형편이 안 된다"고 했을 뿐.

불편한 사실을 차단한 채 망상으로 도피한 그는 그 안에서 아들과 함께 이 사건의 "가장 큰 피해자"가 되었다. "스포츠 경영학을 공부한" 제 아이가 외려 역차별을 받아 통역병 선발에서 떨어져 억울하단다. 여기에 선발 방식이 면접에서 제비뽑기로 바뀐 게 자기 측에서 벌인 로비 때문이었다는 이야기는 빠져 있다. 국회 단상 위에서 그는 '장관'이 아니라 채 못 자란 어느 큰 아기의 '엄마'로 행동했다.

적법하면 문제없다

'적법하면 문제가 되지 않는다.' 청탁은 대개 '손타쿠忖度'(직접적인 지시 여부와 상관없이 윗사람의 뜻을 헤아려 행동한다는 뜻의 일본 신조어)의 형식으로 이루어지므로 법정에서 직접적 지시를 입증하기가 쉽지 않다. 수사팀 역시 증인의 중요한 증언을 누락시켰던 그 사람들. 설사 의혹들이 사실로 밝혀지더라도 딱히 적용할 법률을 찾기도 어렵다. 기껏해야 김영란법 정도랄까? 이번에도 적법의 잣대로 윤리적 책임을 피해가겠다는 속셈이다. 조국 사태 때 봤던 그 패턴 그대로다.

이 사건의 본질은 그가 공인으로서 해서는 안 될 추잡한 짓을 했다는 것이다. 보좌관이야 아들과 평소에 알고 지냈다 쳐도, 국방부 장관의 정책비서관이 통역병 선발을 위한 청탁을 하고 다니는 것은 추미애 법무부 장관 본인의 관여 없이는 생각하기 어려운 일이다. 이 사건에서 우리가 던져야 할 물음은 이것이다. '제 아이만 특별히 여기는 엄마가 한 나라의 정의를 담당하는 부서의 장을 하고 있어도 되는가?'

추미애 법무부 장관은 24년 전 이런 말로 정치를 시작했다. "부잣집 딸이든 가난한 집 아들이든 사회에 나아갈 때는 누구나 동등하게 출발할 수 있는 기회균등의 꿈이 있는 사회를 만들고 싶다." 2016년 당대표 선거에선 이렇게 외쳤다. "금수저 가진 사람일수록, 고위공직자일수록 반칙을 통해 특혜를 누리고, 기회는 공정하지 않은 헬조선이 되었다." 그런 그가 대표가 되더니 반칙으로 특혜부터 누리려 했다.

그의 전임도 다르지 않았다. 그 역시 '헬조선'의 현실을 목놓아 규탄했다. "어느 집안에서 태어났는가가 삶을 결정해버리는 사회, 끔찍하지 않습니까." 그런 그들이 그 끔찍한 지옥의 높은 자리에 앉아 마왕 노릇을 하고 있다. 그 모든 파렴치에도 대통령은 조국을 임명하지 않으면 "나쁜 선례를 남기게 된다"고 말했다. '좋음'과 '나쁨'의 기준이 뒤바뀐 분이니, 그의 역할을 기대할 수도 없다.

촛불은 지옥불이 되었다. 슬픈 것은 그 지옥의 수인囚人들이 "우리가 조국"이고 "우리가 추미애"라며 제 자식들을 태울 유황불에 열심히 풀무질을 한다는 사실. 과거엔 특권을 비판이라도 할 수 있었다. 이젠 그것마저 불가능해졌다. 왜? 반칙이 이미 규칙으로 굳어졌기 때문이다. 그들은 벌써 청탁을 '미담'이라 부르고 있다. 이 헬조선을 창조하신 대마왕께 묻고 싶다. 각하, "어느 집안에서 태어났는가가 삶을 결정해버리는 사회, 끔찍하지 않습니까?"

02

303번의 묵비권

"형사소송법 148조를 따르겠습니다." 정경심 교수의 재판에서 조국 전 법무부 장관은 이 말을 300번 넘게 반복했다. 그가 법정에서 제 권리를 행사하는 것은 나무랄 일이 아니다. 형사법 148조에 따르면 증인은 "친족 또는 친족관계에 있는 자"가 "형사소추 또는 공소제기를 당하거나 유죄판결을 받을 사실이 발로될 염려 있는 증언"을 거부할 수 있다.

사인인가, 공인인가

하지만 법정에서 증언을 거부하면 "유죄판결을 받을 사실"이 드러날까 두려워 진실을 감춘다는 의심을 사기 쉽다. 행여 그럴세라 이를 '편견'으로 규정하며 재판부를 향해 유죄 심증을 하지 말라는 당부도 잊지 않는다. "우리 사회는 여전히 권리행사에 편견이 존재한다. 다른 자리도 아닌 법정에선 그런 편견이 작동하지 않길 바란다."

이 꼼꼼한 당부가 불편함을 주는 것은 그가 사인私人이 아니라 공인公人이기 때문이다. 그는 검찰 수사에서도 묵비권을 행사했다. 그때 그는 "이제 검찰의 시간은 끝나고 법원의 시간이 시작되었다. 재판에서 무죄를 밝히겠다"고 했다. 공인이라면 자신이 한 약속대로 실체적 진실을 밝히려는 법원의 절차에 협조했어야 하지 않겠는가.

게다가 그는 그동안 줄기차게 검찰이 "상상과 허구에 기초한 정치적 기소"를 했다고 주장해왔다. 증인 심문은 자신의 주장을 증명할 절호의 기회였다. 지지자들도 그가 '상상과 허구'에 기초한 검찰의 거짓말(?)을 낱낱이 폭로해주기를 바랐을 것이다. 하지만 그 귀한 '법원의 시간'을 그는 303번의 침묵으로 흘려보냈다.

왜 그랬을까? 진실을 말할 수도 없고, 위증의 죄를 무릅쓰고 거짓말을 할 수도 없다. 그러니 차라리 침묵하는 편이 유리했던 게다. 그가 법률로 보장된 자신의 권리를 행사하는 것을 나무랄 수는 없다. 하지만 그는 전직 법무부 장관. 그런 그가 공적 사안에 관해 진실을 밝힐 '공인의 책무'를 외면하고 '사인의 권리' 뒤로 숨은 것은 심히 구차한 일이다.

법리와 윤리 사이

"불법은 없습니다." 인사청문회를 준비하며 그는 주위에 이렇게 말했다고 한다. 청문회는 유무죄를 가리는 형사재판이 아니라 공직후보자의 윤리적 자격을 심사하는 절차다. 그런데 거기에 엉뚱하게 법의 기준을 들이댄 것이다. 애초에 윤리적으로 문제될 게 있었다면, '불법은 아니니 괜찮다'고 할 게 아니라 그 직을 마다하는 게 옳았다.

윤리의 문제를 사법의 문제로 환원시키면 검증의 임무는 당연히 국회에서 검찰로 넘어가게 된다. 다 자업자득이다. 그러니 무리한 수사를 했다고 검찰을 탓할 일이 아니다. "그깟 표창장 한 장"이라도, 그것을 위조한 이가 공인이라면 사건의 중요성은 달라지는 법. 게다가 그는 일개 장관을 넘어 집권 여당의 차기 대권주자 아니었던가.

며칠 전 그가 진보학자 강수돌의 말을 인용했다. "조 전 장관의 가족들은 현 교육 시스템의 문제와 모순을 알고는 있었겠지만 그 이상 몸부림을 치진 않은 듯하다. 오히려 입시에서 평가에 도움이 되는 것이라면 가능한 한 많이 모으는 것이 좋다고 생각한 것 같다." 윤리가 필요한 곳엔 엉뚱하게 법을 들이대더니, 정작 불법은 윤리적 일탈쯤으로 치부해버린다.

제 인맥을 동원해 자식의 스펙을 만들어주는 것은 물론 불법이 아니라 부덕에 해당한다. 그런데 정경심 교수가 어디 그 '부덕' 때문에 기소를 당했는가? 거기에 문서위조라는 방법을 사용했기 때문이지. 이는 윤리적 비난이 아니라 법적 처벌을 받아 마땅한 위법이다. 적어도 정유라는 면접장에 가짜 메달을 들고 오지는 않았다.

인지부조화

공직윤리는 불법이 아니라는 법적 잣대로 무력화하고, 문서위조의 불법성은 윤리적 일탈로 호도해 빠져나간다. 윤리가 필요한 곳에는 법리를 들이대고, 법리가 적용되는 곳에는 윤리를 들이대며 제 편할 대로 모드를 전환한다. 법을 전공한 학자가 윤리와 사법의 차이를 모를 리 없다. 고로 이 혼동은 고의적인 것으로 봐야 한다.

그 혼동은 내면의 인지부조화를 해결하기 위한 것으로 보인다. 검증의 과정에서 그의 양면성이 적나라하게 드러났다. 의식의 진보성과 존재의 수구성. 이 명백한 자기모순을 스스로에게 감추려면 언어를 혼란시키는 수밖에 없다. 그렇게 해서라도 밖으로 내세워온 '정의로운 진보학자'의 자의식을 계속 유지하고 싶었던 게다.

동시에 그것은 지지층을 결속하기 위한 기동이기도 하다. 민주당의 김종민 국회의원은 얼마 전 '조국흑서'를 "100권을 내도 여론 40퍼센트는 '조국 린치'라 생각한다"고 했다. 그 어떤 사실에도 흔들리지 않도록 세뇌된 지지층. 이들만 있어도 통치가 가능하니, 나머지 60퍼센트가 뭐라 하든 궤변으로라도 이들 지지층을 계속 허구의 세계에 가둬놓겠다는 계산이다.

그가 명백한 증거 앞에서 침묵을 일삼으며 혐의를 전면 부정하는 것도 그 때문이다. '상상과 허구'라던 검찰의 주장이 사실로 드러나는 순간, 세뇌로 다져놓은 이 콘크리트에 균열이 생긴다. 그래서 혐의를 조금도 인정할 수 없는 것이다. 물론 그게 양형에 유리할 리는 없다. 따라서 그의 행동은 사법적 대응이라기보다는 정치적 기동에 가깝다.

개천의 법꾸라지

'조국백서'인 《검찰개혁과 촛불시민》의 공동저자 최민희 전 국회의원은 이렇게 말한다. "애초 조국 전 장관이 대한민국의 초엘리트라고 생각하고 있었습니다. 초엘리트로서 그 초엘리트만의 인간관계가 형성되어 있었을 테고, 그 자식들은 그 초엘리트들 사이에서 어떤 인간관계, 불법적이지는 않지만 어떤 특혜 같은 것이 있을 수 있겠다 그런 생각은 했습니다."

하지만 그 '특혜 같은 것'을 정유라에게 준 죄로 이화여자대학교 교수들은 줄줄이 구속되었다. 고등학교에서 시험문제를 유출한 교감은 3년 6개월의 중형에 처해졌고, 그 딸들은 미성년자인데도 실형에 집행유예를 선고받았다. 반면 위조사문서를 행사한 조민은 성년임에도 기소조차 되지 않았다. 대한민국이 어느새 '초엘리트'의 특권이 인정되는 신분사회가 된 것이다.

조국 교수는 언젠가 이렇게 말했다. "중요한 것은 용이 되어 구름 위로 날아오르지 않아도, 개천에서 붕어, 개구리, 가재로 살아도 행복한 세상을 만드는 것이다. 하늘의 구름 쳐다보며 출혈경쟁하지 말고 예쁘고 따뜻한 개천 만드는 데 힘을 쏟자!" 그랬던 그가 제 딸만 용 만들어 구름 위로 보내놓고 '법꾸라지'가 되어 개천물마저 흐리고 있다.

정경심 교수를 위해 그는 전직 대통령들보다 호화로운 변호인단을 꾸렸다. 돈 없고 못 배운 이들은 변호사 선임할 돈이 없어 살인 누명을 뒤집어쓰고 수십 년간 억울한 옥살이를 했다. 진보적 법학자의 법 지식은 원래 이들 힘없는 사람을 위해 쓰여야 했다. 그 지식을 그는 자신과 가족의 불법·탈법·편법을 변호하는 데에 쓰고 있다.

공직수행의 윤리적 차원

형사재판은 기준이 엄격하다. 합리적 의심을 모두 배제하는 확실한 증거가 없는 한 아무리 혐의가 짙어도 무죄가 나올 수 있다. 303번의 묵비권은 이를 노리는 전략적 행동이랄 수 있다. 이 법꾸라지 전략으로 사모펀드 관련 혐의만 벗으면, 그것으로 다른 모든 행위에 대한 윤리적·정치적 책임도 벗을 수 있다는 계산이리라.

거기에는 가족의 위법에 대한 미안함도, 공직자로서 갖춰야 할 책임감도, 감시에 실패한 민정수석의 자기반성도 없다. 그에게는 그저 사인으로서 자신과 가족이 가진 법적 권리에 대한 의식만 있을 뿐이다. 아내가 기소되었을 때 그가 했던 말을 기억해보라. “지금부터 제 처는 형사절차상 방어권을 갖게 될 것입니다.”

나라를 두 쪽 내놓고도 사과 한번 한 적이 없다. ‘물의를 일으켜 죄송하다’는 상투적 사과조차 없었다. 사과해야 할 것은 검찰과 언론이라는 식이다. 그러다 며칠 전에야 겨우 "가족의 일상에서는 '경쟁공화국'의 논리로부터 벗어나지 못했다"며 자신의 '강남성'을 '성찰'했지만, 이마저도 실은 '강남성이 위법은 아니지 않느냐'는 항변에 가깝다.

이 모든 것은 그에게 '공적' 마인드란 눈곱만큼도 없음을 보여준다. 애초에 그는 공직을 맡아서는 안 되는 인물이었던 것이다. 그런 그가 검증의 과정에서 걸러지지 않았다. 시스템이 망가졌다는 이야기다. 문제는 이를 복구하는 것이다. 재판 결과는 그와 그의 가족의 사적 관심사일 뿐. 그들에겐 확인된 사실에 따라 합당한 책임을 지우면 그만이다.

위법이 아닌 모든 것이 윤리적으로 허용되는 것은 아니다. 이를 분명히 해두지 않으면 그와 그의 친구들의 궤변에 또다시 말려들게 된다. 애초에 문제는 그가 형사재판의 협소한 기준으로 공직윤리 자체를 증발시킨 데에서 빚어졌다. 고로 모든 관심을, 그가 없애버린 공직의 이 윤리적 차원을 회복하는 데에 모아야 한다. 그게 핵심이다.

03

'대깨문'을 위한 신흥종교

헤밍웨이의 《노인과 바다》에 나오는 청새치. 노인이 항구로 돌아왔을 때 그 거대한 물고기는 상어 떼에 뜯어 먹혀 앙상한 가시만 남은 상태였다. 검찰개혁이 지금 딱 그 꼴이 되었다. 살이 모두 뜯겨나간 채 달랑 고위공직자범죄수사처(이하 '공수처') 하나 남았다. 앙상한 가시만 남은 그 물고기는 청와대 벽에 트로피로 걸려 각하의 개혁 위업을 후세에 전하는 데에 쓰일 예정이다.

두 개의 검찰개혁

우리가 생각하는 개혁검찰의 상은 원래 이런 것이었다.

산 권력에 대한 수사와 기소도 주저하지 않는 정치적으로 중립적인 검찰, 누구를 어떻게 수사하고 기소할지 형사 사법 절차와 관련해 정치적 통제에 좌우되지 않는 독립적인 검찰, 대배심제를 통해 기소권에 대한 감시와 통제를 받는 검찰, 구속 제도 개혁을 통해 인질 사법의 오명을 벗는 검찰.(SBS 임찬종 기자)

하지만 이 모든 취지는 사라지고 검찰개혁이 고작 '윤석열 자르기'로 전락해버렸다. 여론조사에서 국민의 55퍼센트가 검찰개혁이 '변질되었다'고 대답했다. 애초의 취지에 맞게 진행된다는 응답은 고작 28퍼센트. 대표적인 진보 매체마저 검찰개혁을 '실패'로 단정했고, 검찰개혁을 설계한 당사자인 김인회 교수조차 검찰개혁을 "원점에서 다시 생각할 때"라고 말했다.

왜 이 꼴이 되었을까? 동상이몽이라고, 애초에 시민사회와 민주당이 생각하는 검찰개혁의 상이 달랐기 때문이다. 시민사회가 원한 것은 ① 권력에서 독립한 중립적 검찰, ② 절제된 권한을 행사하고 국민의 감시를 받는 민주적 검찰이었다. 반면 문재인 정권이 원한 것은 독립성을 고집하지 않고 자신들의 통제에 순순히 따르는 그런 검찰이었다.

그럴 만도 하다. 고 정두언 국회의원의 증언에 따르면 MB 정권은 노무현 전 대통령의 구속에 반대했으나, 이인규·우병우 등 검찰 중앙수사부에서 구속을 고집했단다. 이 원체험 때문에 아예 검찰의 '독립성' 자체를 위협으로 여기게 된 것이다. 그래서 '선출된 권력'임을 내세워 '민주적 통제' 운운하며 억지로 검찰을 길들이려고 무리수를 두는 것이리라.

실패한 검찰개혁

이 정권은 실은 진정한 검찰개혁에는 관심이 없었다. 검찰권의 과도함을 문제로 봤다면 애초에 특수통인 윤석열을 기용하지 말았어야 한다. '적폐청산'의 칼을 든 그에게 검찰권의 절제된 행사를 주문한 이는 없었다. 그들은 외려 철저한 수사로 전직 대통령을 구속시킨 공로를 높이 평가해 기수까지 파괴해가며 그를 검찰총장 자리에 앉혔다.

개혁의 취지 중 남은 것은 검찰의 중립성과 독립성인데, 그마저 무너지는 데에는 오랜 시간이 걸리지 않았다. 처음에는 "살아 있는 권력에도 칼을 대라"고 호기를 부리더니, 정작 검찰의 날이 자기들을 향하자 온갖 트집을 잡아 총장을 내치려 했다. 개혁의 두 기둥이 모두 무너진 것이다. 그 결과 검찰개혁은 '윤석열 축출'의 동의어가 되어버렸다.

추미애 법무부 장관 사단의 검사들은 이 정권이 원하는 검찰개혁이 무엇인지 잘 보여준다. 증거도 없이 무리한 수사를 벌이고, 상관에게 독직폭행을 가하고, 검찰총장을 음해하기 위해 계통과 절차를 무시하고 하나회처럼 움직인다. 심지어 검찰총장 부인의 통화 내역까지 들여다봤단다. 이들의 모습에서 우리는 이 정권에서 원하는 '개혁검찰'의 상을 보게 된다.

사실 윤석열 검찰총장은 검찰개혁에 저항한 적이 없다. 공수처 설치 등 제도적 개혁은 원래 입법부 소관이고, 검찰 인사는 어차피 장관 맘대로 했으니 그에겐 저항의 기회조차 없었다. 그는 외려 부하검사들에게 개혁에 적응할 것을 촉구해왔다. 그가 했다는 저항이란 결국 권력 비리 수사를 중단하라는 지시를 거부한 것이었다. 그런데 그게 개혁에 대한 저항이던가?

검찰개혁교의 성도들

여당의 원내대표는 윤석열 검찰총장이 "살아 있는 권력이 아닌 검찰개혁에 맞서다가" 징계위원회에 회부된 것이라 주장했다. 검찰개혁이 실패했다고 보는 55퍼센트에게 한 말은 아닐 터, 이 거짓말은 아직도 개혁을 믿는 28퍼센트만을 위한 것이리라. 이들 콘크리트 지지층은 종교적 감수성이 남달라 검찰은 악마요, 추미애는 주의 전사 '추다르크'라 굳게 믿는다.

마침내 십자군의 공세가 시작되었다. "윤석열을 파면하라. 국민은 추미애를 응원한다." 어용매체들이 지원사격을 하고, 어용단체가 검찰총장을 잡는 저격수로 나섰다. 초선 의원이 법관들의 봉기를 촉구하자 몇몇 판사까지 그 부르심에 응했다. 일부 종교인들도 '검찰개혁=윤석열 해임'을 촉구하는 성명을 발표했다. 왜들 요란하게 바람을 잡는 걸까?

그럴 만도 하다. 법원은 윤석열 검찰총장이 신청한 집행정지를 인용했다. 감찰위는 윤석열 검찰총장에 대한 징계가 부당하다고 의결했다. 전국 법관회의에서는 이른바 '사찰' 안건을 부결시켰다. 징계에 필요한 사유들이 모두 무너진 것이다. 하지만 신앙은 이성을 초월한다. 성서에 이르기를 "믿음은 바라는 것들의 실상이요 보이지 않는 것의 증거"라 하지 않았던가.

징계의 사유는 없어도 징계위원회는 열린다. 과연 믿음은 그들에게 바라는 것의 실상을, 우리의 눈에는 보이지 않는 해임의 증거를 보여주었다. 그 증거가 무려 여섯 가지란다. 그 재판은 세속의 증거를 따르지 않을 것이다. 신성한 증거 앞에서 세속의 법률과 절차는 어차피 효력을 잃는 법. '재인천국 불신지옥.' 이 성스러운 신앙 앞에선 헌법마저 무력하다.

약속의 땅 공수처

나라꼴이 엘 그레코El Greco의 그림을 닮아간다. 이 16세기 화가의 그림에는 한 화면에 두 개의 공간이 병존한다. 하나는 세속의 물리적 공간이고, 다른 하나는 신학적 환상의 공간이다. 이 나라 백성들은 이미 두 개의 공간에 나뉘어 살고 있다. 55퍼센트는 법의 지배를 받는 세속의 공간에, 28퍼센트는 정치신학이 지배하는 환상의 공간에.

환상의 공간에 사는 이들의 눈에는 조국이 백성을 검찰의 땅에서 해방시킨 모세로, 추미애는 그 백성을 약속의 땅으로 이끌 여호수아로 보일 게다. 그들은 공수처가 있는 가나안 땅에는 젖과 꿀이 흐른다고 믿어 의심치 않는다. 그 믿음의 근거가 뭐냐고 따져 물어야 아무 소용이 없다. 그들의 믿음은 어차피 이성에서 나온 게 아니니까.

그들의 머리는 정치신학적 열정으로 가득 차 있다. 그들에게 윤석열 검찰총장은 파라오요, 검사들은 이집트의 병사들, 공수처에 반대하는 이들은 약속의 땅으로 들어가기 위해 물리쳐야 할 아말렉의 군대다. 그들은 믿음을 공유하지 않는 이교도들에게 혐오와 증오를 표출한다. 이교도는 밖에만 있는 게 아니다. 신앙촌 안에도 이단은 존재한다.

며칠 전 유튜브 탁발승 김용민이 〈나는 꼼수다〉 동료였던 주진우를 종교재판에 넘겼다. 주진우 기자가 은밀한 사탄(윤석열) 숭배자란다. 신학 전공자답다. 주진우 기자는 울먹이며 결백을 호소했다. 하지만 그것으로 사함을 받지는 못했다. 원래 신학적 성격을 띤 의심은 쉽게 풀리는 게 아니다. 그가 윤석열 검찰총장 사진을 밟고 지나간다 한들 그들은 의심을 풀지 않을 것이다.

종교와 정치의 중첩

곧 열릴 징계위원회도 이 종교재판과 다르지 않다. 심의에 들어가기도 전에 이미 결론이 내려져 있음을 우리는 잘 안다. 그 어떤 세속의 증거나 변론도 신이 석판에 새겨주신 여섯 혐의를 반박하지는 못한다. 종교재판은 원래 그런 것이다. 손을 묶어 물에 던져 익사하면 신의 버림을 받았으니 마녀인 것이고, 용케 헤엄쳐 나오면 악마의 도움을 받아 살았으니 마녀인 것이다.

이 나라에는 정치와 종교의 중첩 상태에 사는 두 부류의 집단이 존재한다. 사랑제일교회와 민주당이다. 증상은 비슷하나 경로는 상이하다. 전광훈 목사가 신앙생활을 정치활동으로 바꿔놓는다면, 민주당 사람들은 정치활동을 신앙생활로 바꿔놓는다. 그 결과 검찰개혁은 공수처를 섬기는 신흥종교가 되었다.

검찰이 악이라면 공수처는 왜 선인가. 검찰은 통제가 안 되는데 같은 공수처는 왜 통제가 되는가. 검찰이 권력의 개라면 공수처는 왜 개가 아닌가. 한 자루의 칼이 무서운데 왜 두 자루의 칼은 무섭지 않은가. 세계에서 유례없는 제도가 왜 이 나라에만 필요한가. 이런 이성적 질문을 던진 이는 이단으로 몰려 추방되었다.

이른바 '검찰개혁'의 방향은 분명해 보인다. 우리의 비리에는 아예 손도 대지 말라는 것이다. 권력은 이 추잡한 세속적 욕망에 용케 성스러운 종교적 광휘를 뒤집어씌웠다. 그 광휘 뒤에 숨은 욕망을 보지 못하고 성도들은 최후의 결전에 나선다. 종교적 열정은 교회에 가서 해소하고 정치는 맨정신으로 하면 안 되나?

04

지록위마의 야바위로 끝난 검찰개혁

진나라의 환관 조고가 황제에게 사슴을 바치며 말했다. "말입니다." 황제가 물었다. "어찌 사슴을 말이라고 하는가?" 조고는 끝까지 말이라 우겼다. 다른 신하들 또한 조고를 따라 사슴을 가리켜 말이라 했다. 모두 조고의 위세에 겁을 먹은 것이다. 결국 제 판단력을 못 믿게 된 황제는 정사에서 손을 뗐고, 얼마 후 조고에게 죽임을 당했다.

불법사찰이란 무엇인가

똑같은 일이 벌어지고 있다. 검찰이 공판준비를 위해 세평 수집한 것을 '불법사찰'이란다. 서울고등검찰청(이하 '서울고검')의 공판 업무 매뉴얼에는 "재판부별 재판 방식에 편차가 있으므로 재판부별 특성을 파악해 적절히 대처해야 한다"고 적혀 있다. 그런데도 그게 불법사찰이란다. 검찰총장 잡으려고 애먼 '세평 수집=불법사찰'이라고 언어를 혼란시키는 것이다.

이 바벨의 혼돈을 수습해주는 것은 언젠가 조국 전 법무부 장관이 올린 SNS 글이다. 거기엔 불법사찰의 명확한 정의가 등장한다. "첫째, 공직과 공무와 관련이 없는 민간인을 대상으로 삼는 것은 불법이다. 둘째, 대상이 공직자나 공무 관련자라 하더라도 사용되는 감찰 방법이 불법이면 불법이다. 예컨대 영장 없는 도청, 이메일 수색, 편지 개봉, 예금계좌 뒤지기 등등."

그의 정의에 따르면 해당 문건은 사찰과는 거리가 멀다. 민간인을 대상으로 한 것도, 불법으로 수집한 정보도 아니기 때문이다. 하지만 그는 저 스스로 내린 정의도 잊어버리고 그게 불법사찰이라고 우긴다. 머리에 램RAM만 있고 하드가 없나? 자고 일어나면 기억이 휘발하나보다. 이 비일관성을 지적하자 "악의적이고 야비한 오독"이란다. 그의 변명을 들어보자.

"불법사찰의 방법에 영장 없는 도청, 이메일 수색, 편지 개봉, 예금계좌 뒤지기만 있는 게 아니란 점은 한국 사회 평균 보통인이면 알 수 있다." 하지만 한국 사회 평균 보통인으로 생각해봐도 구글로 검색하고 공판 검사에게 전화하는 것은 '불법사찰의 방법'이 아니다. 세상에 검색과 통화를 법으로 금지하는 나라도 있던가.

사슴은 말이 아니다

그는 "공개된 문건에 판사의 이념 성향이나 인격에 대한 평가, 개인 취미 등이 기재"된 것을 문제 삼는다. 하지만 '이념 성향'에 따라 판결이 달라진다는 것은 상식이다. 고로 이는 공판준비에 필요한 정보를 취할 수 있다는 뜻이다. 판사의 '인격에 대한 평가' 역시 미국에선 더 심하게 허용된다. '개인 취미' 또한 불법이라기보다는 그저 불필요한 정보에 불과하다.

민주당의 박주민 국회의원 역시 "세평을 수집한 사람들을 위협·위축시키거나 제어할 만한 개인적인 비위 사항이나 약점·취약점들이 수집되어 정리되어야만" 한다고 세평 수집이 '위법'이 되는 요건을 제시한 바 있다. 개인의 취미는 대상자를 '위협·위축시키거나 제어할 만한 개인적인 비위 사항이나 약점·취약점'에 속하지 않는다.

법원의 판례에 따르면 불법사찰은 ① 위법한 목적으로, ② 특정인에게 불이익을 줄 의도로, ③ 지속적이고 예외적으로 이루어질 때 성립한다. 공판준비는 위법한 목적이 아니다. 검사는 판사에게 불이익을 줄 처지가 못 된다. 게다가 문서 작성은 매뉴얼에 따라 일회적으로 이루어졌다. 결국 위의 세 요건 중 해당되는 게 하나도 없는 셈이다.

법무부는 '물의 야기 법관'이라는 표현을 들어 마치 검찰에서 판사를 사찰한 양 몰아갔다. 하지만 그 정보는 공판 참여 검사에게 문의해 얻어낸 것이었다. 사법농단 공판을 담당한 부장검사 역시 문건을 유출한 사실이 없다고 확인하며 이렇게 꼬집었다. "법무부에서 오해될 수 있도록 잔기술을 부린 것은 아닌지 의심스럽다."

판결은 사전에 내려졌다

지록위마指鹿爲馬의 상황이 계속되자 사건의 법리 검토를 맡았던 이정화 검사가 양심선언을 했다. "문건에 기재된 내용과 다수의 판결문을 분석한 결과 죄가 성립되기 어렵다는 결론을 내렸고, 감찰담당관실 검사들도 제 결론과 다르지 않아 그대로 기록에 편철했다." 그런데 윗선에서 그 부분을 삭제하고 수사 의뢰를 강행했다는 것이다.

법무부의 변명을 들어보자. "확보된 재판부 성향 분석 문건 이외에도 유사한 판사 사찰 문건이 더 있을 수 있는 등 신속한 강제수사의 필요성이 있었다." 하지만 0에다 100을 곱한다고 어디 답이 달라지던가. 확보된 문건 자체가 '사찰 문건'이 아닌데, 그런 문건이 100장이 더 있다 한들 어떻게 수사 대상이 되겠는가.

전국 59개 검찰청 평검사들이 총장의 징계와 직무 정지에 항의하는 성명을 발표했다. 전국 고검장과 검사장, 사무국장들도 같은 목소리를 냈다. 추미애 법무부 장관 휘하의 부서 과장들도 항의 문서를 차관에게 전달했고, 장관 사람으로 알려진 조남관 권한대행까지 반기를 들었다. 그래도 추미애 장관은 마음을 바꾸지 않을 게다.

권력은 이미 검찰총장을 내치기로 결정했다. 추미애 법무부 장관의 법률대리인은 그가 낸 직무정지 집행정지 신청이 기각될 거라고 말했다. "이틀 후면 집행정지 효력이 없어지므로 소 이익이 없어진다." 해임은 기정사실이고, 남은 것은 각하께서 거기에 사용하실 '죄목'뿐. 그래서 없는 죄를 창조하느라 지록위마의 야바위판을 벌이는 것이다.

야바위판

세평 수집을 '불법'이라 부르려면 그것을 뒷받침할 법률과 판례를 제시해야 한다. 하지만 조국 전 법무부 장관은 그것을 제시한 적이 없다. 그런데도 그게 불법사찰이라고 우긴다. 이는 그가 법학자가 아니라 정치인으로서 발언하고 있다는 이야기다. 대한법학교수회에서는 검찰총장의 직무정지를 "헌법과 법치주의의 훼손"이라고 비판하는 성명을 냈다.

법학을 전공한 그에게 '리걸 마인드legal mind'가 없다니 심히 민망한 일이다. 그는 사법의 문제를 늘 정치화해 정의를 법정 안이 아니라 법정 밖에서 구하려 한다. 법정에서는 묵비권을 행사하는 그가 법정 밖에서는 헤프게 재잘거린다(twitter). 그의 판사는 법정 밖에 있기 때문이다. 그는 지지자들에게서 정의를 구한다.

그래서 지지자들 앞에서 야바위를 벌이는 것이다. 바람잡이들의 연기도 볼 만하다. 민주당 이낙연 대표는 윤석열의 혐의가 "충격적"이란다. 김남국 국회의원은 불법사찰에 "소름"이 끼친단다. 존재하지도 않는 것에 충격을 받고 닭살이 돋는 이상 증세. 이 오버액션은 그 사건을 대하는 지지자들의 신체 반응을 유도하기 위한 '넛지nudge'라 할 수 있다.

백주대낮에 이런 가공할 사기극이 가능한 것은 그것을 믿어주는 지지층이 있기 때문이다. 이렇게 정치적 설득에 기만극을 활용하는 것은 자유주의 정치문화에서는 낯선 현상. 이런 것은 '대의의 올바름으로 수단의 불법성을 용인'하는 전체주의 사회에서나 가능한 일이다. 실제로 민주당의 정치 커뮤니케이션이 최근 많이 이상해졌다.

파블로프의 실험

1950년대 소련에서는 파블로프의 조건반사를 이용한 선전 프로젝트를 진행한 바 있다. 개가 종소리에 반응하듯이 인간은 언어에 반응한다는 것이다. 실험의 요체는 끝없는 반복학습으로 인민들을 "현실세계보다 구호·표어·상징에 반응하게 만드는 데"에 있다. 그 학습을 거친 이는 현실의 사슴이 아니라 '말[馬]'이라는 말에 반응하게 된다.

민주당은 지지자들을 현실이 아니라 구호에 반응하는 파블로프의 개로 만들었다. 사실 윤석열 검찰총장은 검찰개혁에 반대하지 않았다. 제도개혁은 입법부 소관이고, 검찰 인사는 어차피 추미애 법무부 장관 혼자 다했다. 거기에 저항의 여지는 없었다. 하지만 지지자들은 이 현실에 반응하지 않는다. 그저 '기득권의 저항'이라는 구호에 반사 행동할 뿐이다.

윤석열 검찰총장이 개혁에 반대해 쫓겨나는 게 아니다. 그의 죄는 따로 있다. "울산 사건을 만들었다."(황운하) "조국 일가를 쑥대밭으로 만들었다."(김두관) "라임·옵티머스와 원전 수사를 했다."(김태년) 이제는 아예 노골적으로 속내를 털어놓는다. 이 뻔뻔함은 지지자들 몸속에 이미 '검찰개혁=윤석열 축출'이라는 반사 기제가 형성되었다는 자신감에서 나온다.

재심 전문으로 유명한 박준영 변호사가 보다 못해 항의하고 나섰다. "아닌 건 아닌 겁니다." 하지만 민주당 지지자들은 이미 현실에 반응하지 않는다. 그저 '판사 사찰'이라는 신호에 조건반사적으로 반응할 뿐이다. 윤석열 검찰총장은 어떤 식으로든 축출될 것이다. 그 축출의 동력은 당의 구호와 지지층의 신체 사이에 형성된 생리학적 반사 기제.

대통령까지 이 집단 망상의 포로가 된 것은 실로 안타까운 일이다. 그는 법무부 장관의 손을 들어주며 감춰진 민낯을 드러냈다. 2012년 대선후보 시절, 그는 이렇게 말했다. "대통령과 청와대가 검찰 수사와 인사에 관여했던 악습을 완전히 뜯어고치겠습니다." 조건반사화된 지지자들을 거느린 채 그는 자신이 뜯어고치겠다고 했던 그 악습의 수호신이 되었다.

05

검찰개혁은 왜 실패했는가

민주당 최고위원 후보가 윤석열 검찰총장을 가리켜 "개가 주인을 무는 꼴"이라고 했다. 검찰의 주인을 국민이 아니라 정권으로 보고 하는 이야기다. 이 거침없는 발언에서 우리는 국민이 바라는 개혁과 정권이 하려는 개혁 사이에 가로놓인 커다란 간극을 보게 된다. 이제 그들은 검찰에 대놓고 권력에 충성하는 '개'가 되라고 요구한다. 자기들이 표방해온 명분을 스스로 내버린 것이다. 개혁은 자살했다.

개혁의 자살

검찰개혁은 실패했다. MBC 여론조사에서 국민의 51.5퍼센트가 검찰개혁이 '잘못되었다'고 대답했다. '잘되고 있다'는 대답은 41.4퍼센트에 불과했다. 여론조사기관 공동조사에서는 국민의 52퍼센트가 개혁이 검찰 길들이기로 변질되었다고 대답했다. 개혁이 취지에 맞게 진행되고 있다는 응답은 고작 32퍼센트에 머물렀다. 지금 검찰개혁은 총장을 허수아비로 만드는 작업으로 전락했다. 어쩌다 이렇게 되었을까?

노무현 전 대통령은 개혁에는 자기희생이 따른다는 사실을 알았다. "선거구제를 바꾸는 것이 권력을 한번 잡는 것보다 훨씬 큰 정치발전을 가져온다고 믿습니다." 문재인 정권에는 이 자기희생의 의지가 없었다. 고작 의회 1당이 되겠다고 위성정당을 만들어 자기들이 도입한 선거제를 스스로 무력화시킨 게 그들이다. 정치개혁은 그렇게 실패로 돌아갔고, 검찰개혁도 그 뒤를 따라 막장으로 내달리는 중이다.

개혁에 성공하려면 먼저 자기를 내려놔야 한다. 그래야 개혁의 진정성을 인정받는다. 그런 의미에서 검찰을 비난한 조국 전 법무부 장관의 처신은 현명하지 못했다. 전 정권의 적폐를 파헤치던 칼의 날카로움을 호평했다면, 그 칼이 자신을 향한다고 비난해서는 안 된다. 그때 군말 없이 수사에 협조했더라면 지금쯤 자신이 목하 가짜로 연기하고 있는 그것, 즉 '검찰개혁의 희생양'이 진짜로 되어 있었을 것이다.

서울중앙지방검찰청(이하 '서울중앙지검')은 그렇게 '개혁'당한 검찰의 미래를 보여준다. 정권의 하명수사, 여당과의 유착, 불법적 압수수색, 수사심의위 권고 무시, 폭력적 영장 집행, 위험한 감청 시도, 공영방송들과의 검언유착, '뎅기열'이라 놀림 받은 입원 코미디 등. 자기들이 개혁의 이유로 들었던 검찰의 부정적 상을 총망라했다. 주인을 물지 못하도록 개혁당한 검찰은 주인이 찍어준 정적을 물어뜯는 개로 변했다.

누구를 위한 개혁일까? 사실 검찰개혁은 서민과는 별로 관계가 없다. 서민의 인권침해는 주로 경찰에서 이루어지기 때문이다. 약촌오거리 사건, 삼례 나라슈퍼 사건, 화성 8차 사건 등 죄 없는 이들에게 살인범의 누명을 씌운 것은 경찰의 강압수사였다. 반면 개혁론자들이 과도한 검찰권 행사의 희생자로 꼽는 것은 노무현·곽노현·김상곤·한명숙·정연주·조국 등 주로 이 사회의 파워 엘리트들이다.

검찰개혁은 처음부터 이들 범털들을 위한 것이었다. 노무현 전 대통령의 불행한 죽음에 대한 대중적 트라우마를 이용해 그것을 슬쩍 대중을 위한 개혁으로 포장한 것뿐이다. '노 대통령이 개혁을 거부하는 검찰의 보복으로 희생되었다.' 대중에게 회자되는 이 '이야기'는 파워 엘리트들을 위한 개혁을 일반 민중의 것으로 착각하게 만들었다. 개혁이 이상한 방향으로 흘러간 것은 거기에 이들 엘리트들의 사적 원한과 공포가 실려 있기 때문이다.

그 방법도 무례하기 짝이 없다. 검찰이 "개혁의 주체"라는 대통령의 말은 빈말이었다. 정권은 처음부터 검찰을 '개혁의 대상'으로 찍어놓고 있었다. "개혁을 검찰의 자율에 맡겨놓은 게 노 대통령의 실책이었다." 이것이 그들이 가진 인식이다. 최강욱 의원은 검찰개혁은 "일단 꿇으라고 한 다음에" 해야 한다고 권한다. 그는 검찰을 조폭으로 보며 이렇게 말한다. "조폭들은 토론을 하고 설득을 한다고 교화가 되는 게 아니다."

원한인가, 정의인가

정권이 원하는 검찰개혁과 국민이 바라는 검찰개혁 사이에는 애초 큰 괴리가 존재했다. 국민이 원한 것은 '정의'로서의 검찰개혁으로, 시민들은 검찰이 어느 쪽으로도 기울지 않는 공정한 칼이기를 원한다. 반면 정권이 추진하는 것은 '원한'으로서의 검찰개혁이다. 우리 보스를 살해한 '조폭'은 해산시켜야지 독립성을 줘서는 안 된다는 것이다. 엇갈리는 이 두 시각이 정면으로 충돌한 지점이 바로 조국 사태다.

대통령은 검찰총장에게 "산 권력에도 칼을 대라"고 독려했고, 이 말이 빈말이 되기까지는 그리 오래 걸리지 않았다. 검찰이 조국 일가에 칼을 대자 정권은 이를 '쿠데타'로 규정하며 수사를 조직적으로 방해하고 나섰다. 공정과 정의는 애초에 그들의 목적이 아니었던 것이다. 국민 대다수는 정권의 이런 막무가내가 검찰개혁의 요체인 정의를 파괴한다고 느꼈다. 이 느낌은 국정 지지율의 급락으로 나타났다.

검찰개혁에서 '정의'라는 합리적 목표는 사라지고 오로지 '원한'이라는 감정적 동기만 남았다. 그러다 보니 개혁의 시나리오가 공정성을 확보하는 것보다 검찰의 독립성을 파괴하는 데에 초점이 맞춰질 수밖에. 그 결과 고위공직자 수사는 공수처로 돌아가고, 그 밖의 수사들은 경찰로 넘어갔다. 검찰총장의 지휘권은 박탈되었다. 거기서 발생할 중대한 문제들은 그 과정에서 전혀 고려되지도, 대비되지도 않았다.

공수처도 검찰과 똑같이 수사권과 기소권을 갖는다. 처장으로 어떤 부류가 올지도 빤하다. 권력이 검찰과 하던 유착을 왜 공수처와는 할 수 없다는 것일까? 법무부의 '민주적 통제'를 받는 이성윤의 서울중앙지검은 공수처의 미래를 보여준다. 검찰개혁의 사도 최강욱 의원은 공공연히 윤석열 총장을 “공수처 1호 대상”으로 꼽았다. 여기서 공수처라는 것의 ‘진짜’ 용도가 무엇인지 미루어 짐작할 수 있다.

이렇게 개혁이 산으로 가자 어용으로 전락한 참여연대마저 성명을 냈다. “(개혁의) 핵심은 민주적 통제를 받는 수사지휘권과 정권으로부터 독립적인 검찰의 공정한 수사다.” 경실련(경제정의실천시민연합)에서는 개혁의 주종主從이 전도되었다고 비판했다. “검찰개혁의 본질은 검찰이 ‘정치의 시녀’가 되는 것을 방지하는 것이고, 검찰권 오남용의 방지는 그다음 과제다.” ‘정의’로운 검찰의 전제는 권력으로부터의 독립성이라는 지적이다.

2011년 어느 토크쇼에서 조국 교수는 검찰개혁의 첫째 조건으로 “검찰을 이용하지 않겠다는 정권이 있어야 한다”고 말했다. 검찰의 독립성을 보장하는 장치가 고작 정권의 주관적 ‘선의’였던 것이다. 그들은 자기들의 선의를 굳게 확신한다. 천진한 환상이다. 추미애 법무부 장관이 이성윤 서울중앙지검장을 이용하는 것을 보라. 세상에 착한 권력이 어디 있는가. 그래서 독립성에는 객관적 담보가 필요한 것이다.

그 담보 중 하나가 수사에 대한 외압을 막아주는 검찰총장의 권한이다. 그런데 정권에서는 총장의 수사지휘권을 폐지하고 이를 고검장들에게 나눠주려 한다. 이 경우 고검장들은 물론 법무부 장관의 지휘를 받게 될 것이다. 고작 ‘강요미수’ 사건에 발동된 장관의 수사지휘권이니, 그보다 큰일에는 더 헤프게 발동될 것이다. 서울중앙지검에서 벌어진 일이 머잖아 검찰의 일상이 될지도 모른다.

검찰권이 비대하다 하나 그 이상으로 비대한 것이 대통령의 권력이다. '제왕적 대통령제'라 불릴 정도로 한국의 대통령은 세계에서 가장 막강한 권한을 갖고 있다. 그 제왕이 이제 검찰총장의 권한까지 갖게 된 것이다. 검찰총장 권한을 공수처·법무부·경찰로 분산시킨다고는 하나 어차피 세 기관 모두 대통령의 '수명자'일 뿐이다. 결국 권력을 분산시킨다며 쪼갠 권한을 다시 제왕에게 모아준 꼴이 되었다.

민주적 통제라는 함정

동상이몽이라 하던가. 검찰개혁을 소재로 시민과 정권이 각자 다른 꿈을 꾼 셈이다. 시민들이 생각하는 개혁은 검찰이 네 편, 내 편 가리지 않는 정의로운 칼이 되는 것이다. 칼질을 절제하는 것은 그다음의 문제다. 반면 정권이 생각하는 개혁은 검찰이 아예 칼이기를 포기하게 만드는 것이다. 그것의 목적은 정의를 파괴하더라도 이른바 '민주적 통제'로 '검찰의 자기 권력화'를 막는 데에 있다.

대체 왜들 그럴까? 노무현 전 대통령의 죽음의 원인이 거기에 있다고 생각한 것일까? 즉 이명박 전 대통령(이하 'MB')은 적당히 망신만 주는 선에서 수사를 끝내라고 했으나 검찰이 말을 안 듣고 전직 대통령을 구속해 처벌하려 했다고 보고 있는 것이다. 그런 인식을 가졌기에 검찰의 자기 권력화를 해체하는 일이 공정과 정의의 원칙을 무너뜨리면서까지 완수할 가치가 있는 개혁 과제라고 생각하게 된 것이리라.

하지만 이마저도 정치적 알리바이에 불과한지 모른다. 민주당이 검찰의 독립성에 대해 저토록 공포와 적의를 드러내는 데에는 더 중요한 이유가 있다. 울산시장 선거 개입 사건은 차치하고라도 VIK, 신라젠, 라임펀드, 옵티머스 등 금융 비리에 관한 보도에 빠짐없이 등장하는 것이 바로 친노, 친문 정치인들의 이름이다. 이 맥락에서 주목해야 할 것이 바로 증권범죄합동수사단의 소리 없는 해체다.

여당의 정치인들은 지금까지 노무현 전 대통령의 죽음을 정치적 알리바이로 활용해왔다. 그의 죽음을 내세워 검찰을 싸잡아 악마화하고, 그 악의 희생자를 연기해 자신들의 비리를 겨냥한 검찰의 칼을 무력화했다. 이것이 그들이 말하는 개혁이다. 그들은 노무현 전 대통령의 이름을 팔아 개혁을 말하고 있지만 지금 그들이 하는 검찰개혁은 노무현이 하려던 그 검찰개혁이 아니다. 우리가 속은 것이다.

제3부
연성 독재와 훼손된 법치

01

법을 무기로 사용하는 이들

"자유민주주의는 법의 지배rule of law를 통해 실현된다." 지난(2020년) 8월 3일, 윤석열 검찰총장이 신임검사 신고식에서 한 말이다. 민주당의 신정훈 국회의원은 "'자유민주주의가 법의 지배로 이루어진다'는 그 과감한 발상이 매우 충격적"이라며 이렇게 말했다. "일반인의 입장에서 '법의 지배' 같은 무서운 말들은 꽤나 위험하게 들린다."

법치를 두려워하는 사람들

국회의원께서 교양이 부족해 '법의 지배'와 '법에 의한 지배'를 혼동한 것이다. 법치주의 이념을 '충격'과 '위험'으로 간주하는 그의 발언에는 불편한 진실이 담겨 있다. 그 말에서 '일반인'을 '권력'으로 바꾸면 지금 벌어지는 사태의 본질이 드러난다. '권력의 입장에서 법의 지배와 같은 무서운 말들은 꽤나 위험하게 들린다.'

법의 지배를 충격과 위험으로 여기는 것은 그만이 아니라 이 정권 자체의 경향이다. 법의 지배란 법 앞에서는 누구나 평등하다는 자유민주주의적 기본 합의다. 영국에서는 왕도 헌법 아래 있다. 그런데 공화국이라는 나라의 대통령과 그의 사람들이 법 위에 서 있으려 한다. 그래서 법의 지배를 위협으로 느끼는 것이다.

법 위에 선 자들은 '법에 의한 지배rule by law'를 하기 마련이다. 자신들은 법의 예외로 만들어놓고 법을 자의적 통치의 수단으로 악용한다. 최강욱 국회의원은 윤석열 검찰총장을 겨냥해 퇴직 검사의 출마를 1년간 금지하는 법을 발의했다. 추미애 법무부 장관 역시 한동훈 검사장을 겨냥해 '비밀번호해제법'을 제안한 바 있다.

흥미로운 것은 법치의 파괴에 앞장선 민주당 국회의원들의 다수가 하필 법조계 출신이라는 사실. 율사라면서 정작 리걸 마인드가 전혀 없다는 이야기다. 실제로 이들에게 법은 상이한 이해와 이념들에 중립적인 규칙이 아니다. 그들은 법을 사적 이해와 이념을 실현하는 당파적 도구로 간주한다. 대체 왜들 그럴까?

죄형법정주의의 파괴

예를 들어 민주당 이재정 국회의원의 SNS 글을 보자. 그는 윤석열 검찰총장을 "침묵하는 방식으로 이미 출마 선언을 한 부작위범"으로 규정하며 이렇게 말한다. "형법상 범죄는 적극적인 행위로 할 수 있지만 소극적인 행위로도 할 수 있다. … 부작위범은 작위 의무를 일부러 이행하지 않음으로써 범죄의 결과를 발생시키는 형태인 것이다."

대한민국 헌법은 모든 국민에게 피선거권을 보장하며, 공직자에게 퇴임 후 계획을 공표할 의무를 규정한 법률은 존재하지 않는다. 그런데도 아무 말 안 하는 것이 '형법상 범죄'를 구성한단다. 집사 7년차라 고양이 소리는 꽤 알아듣는데 개는 안 길러봐서 뭔 소리인지 못 알아듣겠다. 놀라운 것은 지지자들은 이 소리를 알아듣는다는 것이다.

다음은 더 황당하다. "병든 검찰을 살리기 위한 일체의 행위를 방기하고 정치 소용돌이 안으로 던지고 있는 것만으로도 윤석열은 정치를 하는 것이고, 이는 엄연히 검찰살인죄다." 형법에 '검찰살인죄'도 있다는 말은 처음 들었다. 이런 논리라면 민주당은 '의회살인죄', 문재인 대통령은 '국가살인죄'로 다스려야 할 게다.

민주사회를 위한 변호사 모임(이하 '민변') 출신의 입에서 나온 말이다. 이런 식으로 법을 엿가락처럼 늘려 없는 죄를 창조하는 것은 죄형법정주의의 '명확성' 원칙과 '유추해석금지'의 원칙을 위반한 것이다. 여기서 우리는 민주당 쪽 율사들이 매우 독특한 법 관념을 갖고 있다는 사실을 알게 된다. 도대체 어디서 온 것일까?

'혁명적 법 양심'

확실한 것은 이들의 법 관념이 1920년대 소련의 그것을 빼닮았다는 것이다. 부르주아 법률을 폐지했으나 사회주의 형법은 아직 완성되지 않은 과도기. 그 시기에 소련의 판사들은 법률에 명시되지 않은 행위에까지 유죄를 선고하곤 했다. 그때 준거로 사용된 것이 노동자·농민 국가의 이익에 봉사한다는, 판사들의 '혁명적 법 양심'이었다.

'혁명적 법 양심'으로 마구 유추한 판결을 남발하는 법정에서 억울한 희생자들이 양산되는 것은 뻔한 일. 아무 말 안 한 것을 '부작위' 출마 선언으로 간주해 '살인죄'까지 적용하는 이재정 국회의원은 이 혁명 법정의 판사들을 연상시킨다. 멘탈리티는 동일하다. 차이가 있다면 대의의 이름이 '혁명'에서 '개혁'으로 바뀐 것뿐.

아마 과거 운동권 습속의 흔적일 게다. 실제로 민주당 사람들은 현 정세를 10월 혁명 직후와 비슷한 내전 상황으로 표상한다. 한편에는 민주당이 이끄는 개혁 세력이, 반대편에는 검찰을 중심으로 한 적폐 세력이 있다. 전장의 정의는 승리에 있다. 법은 이 결전의 승리를 위한 무기로 활용되어야 한다. 이게 그들의 법 관념이다.

지금 이 나라에는 두 종류의 사법이 존재한다. 이정화 검사는 '법리' 검토 결과 이른바 사찰 문건이 죄가 안 된다고 보고했다. 그런데 박은정 감찰담당관이 그 보고를 삭제했다. '혁명적 법 양심'에 따라 개혁의 대의가 법리를 초월한다고 판단한 것이다. 이른바 '추·윤 갈등'의 본질도 실은 이질적인 이 두 법 관념의 충돌에 있다.

삼류들의 쿠데타

이 충돌에서 추미애 사단은 5전 5패를 했다. 99퍼센트의 검사들이 항의 성명을 냈고, 전국의 법학 교수들이 그 뒤를 따랐다. 법원에선 직무 배제의 효력을 정지시켰고, 감찰위는 징계가 부당하다고 판단했으며, 전국 법관회의는 판사 문건에 관한 안건들을 부결시켰다. 자유민주주의 체제에서 이념으로 법리를 누르는 것은 애초에 불가능하다.

추미애 사단에 속하는 검사들의 한심한 자질도 완패 요인 중 하나일 게다. 실은 추미애 법무부 장관 본인이 법리에 어둡기로 유명하다. 법리를 무시하라는 장관의 지시에 따를 이는 오직 부족한 능력을 넘치는 충성으로 때워야 하는 출세주의자들뿐. 이 삼류들이 권력의 힘을 업고 일류를 음해하려다가 외려 자기들이 수사를 받을 상황으로 내몰린 것이다.

김남국 국회의원은 민주당 율사들의 수준을 적나라하게 보여준다. "감찰 사유가 있는지 없는지는 감찰을 해봐야 안다." 이런 논리라면 조국은 진즉에 구속되었어야 할 게다. 구속 사유가 있는지 없는지는 일단 구속을 해봐야 알 게 아닌가. 이런 수준의 황당한 궤변에 따라 감찰이 이루어졌고, 법리상 죄가 안 됨에도 불구하고 기어이 징계위원회가 열렸다.

징계위원회의 정한중 위원장은 자신도 "법조인 출신"이라며 "공정한 심리를 하겠다"고 말했다. 농담이 과하시다. 그럴 사람이면 애초에 추미애 법무부 장관이 그 자리에 앉혔겠는가. 징계위원회는 시작도 전에 이미 판결이 내려진 캥거루 법정일 뿐이다. 진짜 징계위원회는 과천 법무부 청사가 아니라 종로구 청와대에서 이미 열렸을 것이다.

법 위에 선 대통령

거대한 범죄 뒤에는 늘 위대한 대의가 있었다. 민변 출신의 최강욱 의원은 한동훈 검사장을 잡기 위해 녹취록을 변조했고, 추미애 사단의 신성식 부장은 KBS에 허위 사실을 제보한 것으로 지목되고 있다. 이들이 그 짓을 하는 것은, 개혁의 대의가 그 범죄를 정당화해준다고 믿기 때문이리라. 무서운 것은 그들의 이 이념화된 확신이다.

민주당에서는 월성원전의 폐쇄를 "대통령의 통치행위"라고 정당화한다. 대통령에게는 초법적 권한이 있다. 고로 그의 뜻을 받들어 평가를 조작하고 증거를 인멸한 이들을 처벌해서는 안 된다. 그래서 그들은 '혁명적 법 양심'에 따라 법을 위반한 자들이 아니라 외려 그들을 수사하는 검찰총장을 단죄하기로 한 것이다.

이 나라에는 이질적인 두 개의 사법이 존재한다. 윤석열과 한동훈이 아무 죄가 없어도 그들의 법정에서는 이미 유죄다. 반면 법원에서 유죄판결을 받아도 그들의 법정에서는 무죄가 된다. 그들의 '혁명적 법 양심'은 김경수도 무죄, 한명숙도 무죄, 곽노현도 무죄로 본다. 이것이 우리의 사법을 초월한 그들만의 사법이다.

그들의 사법은 법정 밖의 성난 지지자 대중을 만나 이제 '인민 법정'이 된다. 몇몇 종교인과 어용시민단체, 민주동호회에서 일제히 검찰총장에 대한 징계를 촉구하는 성명을 냈다. 저항의 수단이었던 성명이 이제 탄압의 무기로 전락한 것이다. 이 분위기는 명백히 전체주의적이다. 이는 진보냐 보수냐의 문제가 아니다. 지금 위협받는 것은 민주주의 자체다.

법조인 출신들이 법치의 파괴에 앞장선다. 그 선두에 대통령이 서 있다는 것은 심히 민망한 일이다. 하필 징계위원회가 열린 그날 대통령은 검찰을 강하게 비난하고 나섰다. 속히 징계를 해치우라는 메시지로 들린다. 인권변호사께서 가면 뒤로 냉혹한 권력의 민낯을 드러내셨다. 많이 급하셨나보다.

02

리버럴 정권의 '내면의 권위주의'

"한국의 리버럴 정권이 내면의 권위주의를 드러내다." 영국 시사 주간지 《이코노미스트》에 실린 기사의 제목이다. 자칭 '촛불정부'의 변질을 외신에서도 주목하나보다. 기사는 "더 개방적이고 반대 의견에 관대한 정부"를 만들겠다던 문재인 정권이 반대 의견을 참지 못해 소송을 남발한다고 지적했다. 실제로 정권의 '내면의 권위주의'는 곳곳에서 드러나고 있다.

촛불정권의 권위주의 통치

문재인 대통령은 의료계 파업에 "원칙적 법 집행을 통해 강력히 대처하라"고 지시했다. 어조가 매우 권위주의적이다. 7년 전 경찰이 철도파업을 주도한 민주노총 간부의 체포영장을 집행했을 때 그는 이렇게 말했었다. "왜 이리도 강경한가? 대화와 협상이 먼저지 공권력이 먼저여서는 안 된다. 공권력 투입은 정부의 소통과 대화 능력의 부족을 보여줄 뿐이다."

현대 국가에서도 민주주의는 파괴될 수 있다. 《어떻게 민주주의는 무너지는가》의 저자 스티븐 레비츠키Steven Levitsky와 대니얼 지블랫Daniel Ziblatt은 그 일이 정권에서 법원·검찰·국세청 등 심판 역할을 하는 기관을 장악하는 것으로 시작된다고 지적한다. 심판을 매수하는 방식인데, 이는 공직자나 비당원 관료를 해고하고 그 자리를 충신으로 채우는 방식으로 이루어진다고 한다.

> 정권의 충신들이 이들 기관을 장악하면 권력을 제어하는 수사와 고발을 차단함으로써 잠재적 독재자에게 도움을 준다. 그 경우 대통령은 마

음대로 법을 어기고, 시민권을 위협하고, 심지어 수사나 검열의 걱정 없이 헌법을 위반한다. 그리고 정권의 입맛에 맞는 판사로 사법부를 채우고 법 집행 기관의 힘을 무력화함으로써 처벌의 두려움 없이 권력을 휘두른다.

지금 그 일이 벌어지고 있다. 검찰총장과 감사원장과 판사들이 정권의 타깃이 되었다. 검찰총장의 손발이 잘리고, 조직은 온통 장관 라인으로 채워졌다. 여당 국회의원이 대놓고 감사원장에게 정권의 코드에 맞추라고 요구한다. "대통령의 국정 운영 방향에 대해 불편하고 맞지 않으면 사퇴하세요." 심지어 국무총리가 8.15 집회를 허용했다고 판사를 공격한다.

법 위에 서 있는 사람들

"자유민주주의는 법의 지배를 통해 실현된다." 검찰총장이 보다 못해 한마디 하자, 민주당은 이를 "반정부 투쟁 선언"으로 규정하고 나섰다. 법의 지배를 말했다고 반정부로 몰아가니, 이 정권은 법치주의에 반대하는 모양이다. 신정훈 국회의원의 호들갑을 떠올려보라. "일반인의 입장에서 '법의 지배' 같은 무서운 말들은 꽤 위험하게 들린다."

원희룡 제주도지사가 꼬집고 나섰다. 혹시 '법의 지배'를 '법에 의한 지배'로 착각한 게 아니냐고. 그의 말대로 '법의 지배'는 사회 구성원은 누구나 법의 지배를 받는다는 민주주의 사회의 원칙이고, 반면 '법에 의한 지배'는 법을 통치 수단으로 악용하는 권위주의 정권의 반칙이다. 교양 없는 의원이 이 둘을 혼동한 것이다.

이게 한 개인만의 문제일까? 둘을 구별하지 못하는 것은 실은 정권 차원의 문제이기도 하다. 지금 문재인 정권은 '법의 지배'를 '법에 의한 지배'로 착각하고 있다. '법에 의한 지배'란 '① 통치자가 법 위에 서 있는 존재로서, ② 제 편의대로 법을 만들어 집행할 권한을 가졌다고 생각하는 개념'이다. 이 두 요소가 문재인 정권에 고루 나타난다.

먼저 그들은 법 위에 있으려 한다. 조국 수사는 저항에 부딪혔다. 증권범죄합동수사단은 해체되었다. 권력에 대한 수사는 중단되었고, 비리에 칼을 댄 검사들은 좌천되었다. 이른바 검찰개혁은 철저히 법의 지배에 '예외'를 만드는 방향으로 진행되고 있다. 국민들은 법 아래 놓고, 자기들은 법 위에서 그것의 지배를 피해가려는 것이다.

'법 위에 선 존재'라는 그들의 특권의식은 시각적으로도 확인된다. 선거 개입 사건의 피의자들은 검찰의 소환에 불응했다. 최강욱 국회의원은 재판을 받다가 자리를 뜨려 했다. 이수진 국회의원은 법정에서 자기에게 불리한 진술을 한 법관을 탄핵하겠다고 한다.

이 모든 방자함은 자신들이 법 위에 있어 법의 지배를 받지 않는다는 자신감에서 나온다.

정치적 무기로서 입법

'법에 의한 지배'가 본격적으로 드러나는 것은 두 번째 요소, 즉 법을 통치자의 의지를 실현하는 수단으로 여기는 경향에서다. 이는 민주당 국회의원들이 추진하는 일련의 비非자유주의적 혹은 반反자유주의적 입법에서 확인할 수 있다. 자칭 '리버럴' 정당의 의원들이 줄줄이 자유주의에 반하는 법률들만 쏟아낸다. 이 얼마나 해괴한 일인가.

대표적인 예가 바로 손해액의 세 배에 달하는 '징벌적 손해배상'을 명기한 정청래 국회의원의 법안이다. 이 법은 언론의 관심을 못 받는 일반인과는 아무 상관이 없다. 이 법이 보호하는 것은 그 동정이 언론에 보도되는 권력자들뿐. 언론계에서는 한목소리로 이 법이 "헌법적 가치인 언론의 자유를 본질적으로 훼손"한다고 지적하고 나섰다.

당론으로 채택된 '역사왜곡처벌법'은 위헌의 소지가 다분하다. 사실을 사실로 확정하는 작업은 사상의 자유시장에 맡겨야 하며, 확정된 사실도 반대 사실의 도전을 허용해야 한다. 그게 민주주의다. 이 민족보안법은 국가보안법 못지않게 '표현의 자유'를 제한할 것이다. 악의적 날조자들은 이 법이 없어도 그동안 처벌을 받아왔다.

이수진 국회의원은 국립묘지에서 친일 인사의 묘를 파내는 '파묘법'을 발의했다. 우리의 굴곡진 역사에는 긍정과 부정의 이중 규정을 받는 인물들이 다수 존재한다. 이들에 대한 보훈을 어떻게 할지는 학계나 시민사회의 합의로 정할 일. 한쪽의 견해를 법으로 강요하면 선거 결과에 따라 안장과 파묘를 반복하는 해프닝이 벌어질 것이다.

이 반자유주의적 입법에 정점을 찍은 것은 황운하 국회의원의 '의사강제동원법'이다. 민간인 의사들을 "재난관리자원"으로 규정해 국가 재난 때 강제 징발하겠다고 한다. 신현영 국회의원의 법안에는 심지어 징발한 의료 인력을 유사시 북한에 파견하는 내용까지 담겨 있다. 민간인을 군인 취급하는 셈인데, 이는 전체주의 국가에서나 가능한 군국주의적 발상이다.

사법부를 진압하라

박주민 국회의원은 공수처법(고위공직자범죄수사처 설치 및 운영에 관한 법률) 개정안을 발의했다. 야당의 비토권을 무력화하는 내용이다. 공수처가 정권 보위를 위한 것이 아니라는 근거로 자기들이 내세워 온 게 야당의 비토권인데, 그것마저 없애겠다는 것이다. 공수처를 대놓고 정권보위기관으로 만들겠다는 이야기다. 의원입법이 통치자의 의지를 억지로 관철하는 수단으로 전락한 것이다.

이원욱 국회의원은 광화문 집회를 허용한 판사의 이름을 따 '박형순금지법'을 발의했다. 입법으로 사법부의 판결까지 통제하겠다는 것이다. 판결이 문제라면 법 비판으로 풀 일. 법률이 문제라면 그 법에 따른 이를 '판새'라 비난할 일은 아니다. 국회의원의 입법 활동이 방역 실패의 책임을 판사에게 떠넘기는 대중 선동의 도구로 악용된 것이다.

"국민의 생명과 안전이 훨씬 더 우선적"이란다. 국민의 헌법적 권리를 제약하는 법은 늘 '생명과 안전'을 명분으로 내세워왔다. 국가보안법은 안 그랬던가? 과거에 그들은 테러방지법을 막겠다고 필리버스터까지 했었다. 그때는 왜 '국민의 생명과 안전'보다 통신의 자유를 앞세웠을까? 이렇게 그들은 자기들의 적을 닮아간다.

리걸 마인드와 운동 마인드

민주당 국회의원들이 내놓은 법안들은 하나같이 해괴하기 짝이 없다. 거기에 일관된 특징이 있다면, 반자유주의적이며 심지어 전체주의적이라는 점. 그들은 자신을 법치의 예외로 놓고 입법을 통치의 무기로 휘두른다. 이것이 '법에 의한 지배'다. '민주'를 표방해온 정부가 어느새 권위주의 정권으로 둔갑한 것이다.

그들이 만든 법은 하나같이 위헌의 소지를 안고 있다. 왜 그럴까? 입법을 '리걸 마인드'가 아니라 '운동 마인드'로 하기 때문이다. 리걸 마인드는 어느 정권이 들어서도 공정하게 운영될 시스템을 만드는 것을 개혁으로 본다. 반면 운동 마인드는 제 대의를 관철할 수 있다면 시스템 따위는 좀 망가뜨려도 된다고, 아니 그래야 한다고 본다.

검찰·감사원·법원·언론 등 감시와 견제의 기관들은 그들의 공격 대상이 되었다. 그 잘난 '개혁'으로 민주주의의 근간인 권력분립이 무너지고 있다. 이게 촛불을 들고 우리가 원했던 나라인가? 민주당은 리버럴하지 않다. '내면의 권위주의'를 거침없이 드러내는 그들은 이미 독재자, 이른바 '연성 독재자들'이다. 촛불은 배반당했다. 시민은 기만당했다.

03

지금이 비상인지 말하는 자는 누구인가

하늘이 열린 날 광장은 닫혔다. 차벽에 둘러싸여 텅 빈 광장은 초현실주의 회화를 보는 듯 섬뜩하기만 했다. 대통령은 취임식에서 '광화문 대통령 시대'를 선언하며 "때때로 광화문에서 대토론회를 열겠다"고 했다. 그런 그가 토론회가 열려야 할 그 장소를 폐쇄했다. 봉쇄된 광장의 을씨년스러운 모습은 이 정권이 심각하게 잘못된 길로 들어섰다는 사실의 시각적 표징이리라.

정권을 살린 가미카제

'무엇이 두려워 집회를 막는가?' 보수 일각에서는 이렇게 말한다. 착각이다. 이런 집회는 정권에 아무 위협도 되지 않는다. 여당 지지율만 올려줄 뿐이다. 광화문광장을 봉쇄한 것은 다른 이유에서다. 국민의 대다수는 이 시국에 모여 정치집회를 여는 것에 반대한다. 그 다수에게 정부가 바이러스로부터 국민을 지키고 있다는 점을 강조하려고 스펙터클을 연출한 것이다.

그럴 만도 하다. 작년부터 정권의 민낯을 보여주는 사건들이 줄을 이었다. 조국·윤미향·추미애 사태, 오거돈·박원순 시장의 성추행, 라임·옵티머스 사태, 감찰 무마·선거 개입 등 권력형 비리와 인천국제공항공사 사태와 부동산 3법 같은 실정. 그런 정권의 지지율을 떠받치는 것은 K방역의 성과다. 저 과잉 대응은 그 빛나는 기억이 국민의 머릿속에서 꺼지지 않게 하기 위한 것이다.

코로나바이러스는 정권을 살린 신풍神風이다. 지난 총선에서 지지율 하락으로 고민하던 그들에게 압승을 안겨준 것도, 야당의 일시적인 지지율 골든크로스를 뒤집어버린 것도 코로나바이러스였다. 악재가 끊이지 않는 지금 그들이 기댈 것 역시 그것뿐이다. 광장 봉쇄 퍼포먼스는 그 고마운 바람을 다시 불러내는 초혼굿 같은 것이다. 광화문광장이 텅 빈 사이 서울대공원은 방문객들로 북적거렸다. 차량 시위의 인원을 아홉으로 제한해놓고 이낙연 민주당 대표는 봉하마을에서 20여 명의 시민과 어울렸다. 기준이 뭘까? 이 무원칙은 방역이 과학을 떠나 정치로 들어가버렸음을 시사한다. 하지만 방역의 정치화보다 심각한 것은 이 코로나 긴급조치로 민주주의까지 위협받고 있는 것이다.

코로나 긴급조치 1호

2011년에 헌법재판소는 차벽을 위헌으로 판정했다. "불법·폭력 집회나 시위의 가능성이 있다고 하더라도 이를 방지하는 조치는 개별적·구체적 상황에 따라 최소한의 범위에서 이루어져야 한다." 대통령 자신도 야당 시절 차벽을 "반헌법적"이라 비난한 바 있다. 문제는 여론조사에서 국민의 70.3퍼센트가 집회를 원천봉쇄하는 이 반헌법적 조치에 찬성을 표했다는 점이다.

집회에 반대하는 것과 그것을 금지하는 것은 다른 문제다. 그러나 바이러스에 대한 공포는 대중에게 이 둘을 구별할 여유를 주지 않는다. 아무리 다수라도 헌법이 보장하는 소수의 권리를 박탈할 수는 없는 일. 하지만 대중의 분노에 편승한 포퓰리즘 앞에서 이 상식은 간단히 무너진다. 그 결과 헌법 위의 '떼법'이 어느새 익숙한 일상의 풍경이 되었다.

8.15 집회가 대형 감염 사태로 이어지자 분노한 대중은 청와대 게시판으로 몰려가 집회를 허용한 판사의 해임 청원을 올렸다. 무려 40만 명이 동의를 표했단다. 이 분노의 파도에 올라타고 정권도 파상공세에 나섰다. 법무부 장관과 국무총리는 "그 판사"가 "잘못된 집회 허가"를 했다고 비판했다. 이원욱 국회의원은 판사를 '판새'라 부르며 그의 이름을 따서 '박형순금지법'을 발의했다.

사법부가 무차별 공격을 받아도 대법원장은 말이 없다. 그저 판사들에게 "근거 없는 비난이나 공격이 있더라도 흔들리지 않는 부동심으로 재판에 집중"하라고 당부할 뿐이다. 심지어 "열린 마음으로 사회의 변화에 관심을 갖고 시대의 흐름을 읽어나가"라며 이 빌어먹을 시류에 편승하는 듯한 발언까지 했다. 판사들마저 대중과 정치인 포퓰리즘 연합의 공세에 무방비로 노출된 셈이다.

정치 무기가 된 방역

법무부에서는 드라이브 스루drive through 시위마저 금지했다. 사유가 가관이다. "밀폐된 차내에서의 코로나19 전파 우려. 자동차의 물체적 특성상 그 자체로 위험성을 내포." 자동차의 디자인 속성과 물체적 특성이 집회를 금지할 사유란다. 그러려면 아예 차라리 차량 운행 자체를 금지할 일이다. "돌진 등 불법행위 발생 시 단속의 어려움." 앞의 두 차례 차량 시위에서 그런 일은 없었다. 이 우려의 근거가 뭘까?

다행히 법원에서 차량시위는 허용했다. 하지만 차량의 수를 아홉 대로 제한하고 창문도 못 열게 하는 등 무리한 조건을 여럿 달았다. 그 또한 방역의 필요를 크게 넘어선다. 이는 국민의 기본권을 실질적으로 보장한 게 아니다. 그저 형식적 보장으로 면피한 것뿐이다. 주눅이 든 법원에서 벌써 헌법이 아닌 떼법의 정신으로 판결을 내리고 있다.

한국에서 제일 유명한 형법학자는 봉쇄된 광장과 아홉 대의 차량 시위를 보며 감격한다. "코로나 위기라는 비상상황에서도 집회시위의 자유가 보장되는 한국, 정말 민주국가다." 법무부 장관을 지냈던 이분이 정말 법학을 전공한 게 맞는지 요즘은 가끔 의심한다. 그의 말이 맞는다면 그 시위를 원천봉쇄하려 한 문재인 정권은 반민주주의 세력임에 틀림없다.

보다 못한 시민사회단체에서 우려의 성명을 냈다. 정부의 조치가 UN 산하기관에서 발표한 '코로나 시기의 집회결사의 자유에 관한 10대 원칙'에도 정면으로 배치된다는 것이다. 이 원칙에는 "공중 보건 비상사태가 … 일반적인 권리나 평화로운 집회와 결사의 자유에 대한 권리를 억압하는 구실로 사용되어서는 안 된다”고 명시되어 있다.

코로나 바이러스는 일상인가, 비상인가

왜 무리수를 두는 걸까? 여전히 K방역의 '국뽕'에 취해 있기 때문이다. 지금은 시들하지만 철저한 추적·차단·격리 시스템은 한때 전 세계의 감탄을 샀다. 코로나를 곧 종식시킬 수 있을 것만 같았다. 하지만 그 기대는 무너졌다. 그렇다면 코로나와 안전하게 동거할 방법을 모색해야 하는데 정권의 마인드는 여전히 초기의 성공 모델에 고착되어 있다.

독일의 경우 과학적 시뮬레이션을 통해 감염 위험을 최소화하는 집회나 공연의 방식을 찾아내려 하고 있다. 문재인 정권은 그 과제를 여전히 국민의 기본권을 제한하는 방식으로 해결하려 한다. 그 잘난 K방역이 서구에 받아들여지지 않은 것은 인권침해의 소지가 너무 크기 때문이다. 이제는 거기에 집회와 시위 자유의 원천적 금지까지 더해졌다.

조국 전 법무부 장관의 말에서 “비상상황”이라는 표현에 주목하자. 논란의 핵심은 거기에 있다. 코로나는 '일상日常'인가? 아니면 그의 말대로 '비상非常'인가? 코로나는 대부분의 나라에서 이미 일상이 되었다. 하지만 이 정권의 사람들은 여전히 이 국면을 '위기'나 '비상상황'으로 정의하려 한다. 왜? 그래야 국민의 기본권을 중단하는 조치가 정당화되기 때문이다.

사실 차벽 자체가 위헌은 아니다. 헌법재판소에서는 그것을 "급박하고 명백하며 중대한 위험이 있는 경우"에만 취할 수 있는 "마지막 수단"으로 규정했다. 차벽의 옹호자들은 지금이 그 '마지막 수단'을 써야 할 위기상황이라고 본다. 반면 반대자들은 코로나는 이미 일상이 되었다고 반박한다. 코로나 사태가 종식될 때까지 몇 년이고 비상사태로 지낼 수는 없잖은가.

지금이 비상이라고 말하는 자

일상이 비상으로 규정되면 비상은 일상이 된다. 지난 8월 이원욱 국회의원은 국가 재난 사태나 감염병 확산을 막기 위한 조치가 내려질 경우 법원의 판단을 받아야 집회나 시위를 할 수 있도록 규정한 법안을 발의했다. 집회와 시위의 일상적 자유가 따로 법원의 허락을 구해야 할 예외적 상황이 된 것이다. 그새 새로운 바이러스가 찾아오는 주기는 점점 짧아지고 있다.

문제는 지금이 비상인지 아닌지를 누가 결정하느냐는 것이다. 유신정권 시절엔 박정희가 그것을 결정했다. 지금은 그 판단을 문재인이 내린다. 지금이 국민의 기본권을 제한해야 할 비상상황이라고 결정한 것은 그였다. 이로써 이 나라의 주권자가 누구인지 분명해졌다. "비상사태에 대해 결정하는 자, 주권은 그에게 있다." 나치 법학자 칼 슈미트의 말이다.

헌법에 따르면 "대한민국의 모든 권력은 국민으로부터 나온다." 거기에 한마디만 덧붙이면 유신헌법이 된다. "국민은 그 대표자나 국민투표에 의하여 주권을 행사한다." 박정희 독재는 국민투표로 확인되는 다수의 힘으로 유지되었다. 어디서 본 듯하지 않은가? 과거의 국민투표가 지금은 여론조사로 대체되었을 뿐이다. 그래서 차별은 방역을 넘어 헌법의 문제인 것이다.

04

히틀러도 '선출된 권력'이었다

나치 치하에 사는 유태인의 일상을 기록한 일기로 유명한 빅토르 클렘퍼러Victor Klemperer. 문헌학자였던 그는 나치가 막 부상하던 시기에 그들이 사용하는 언어의 독특성에 주목한다. 그 시절의 메모를 토대로 쓴 《제3제국의 언어The Language of the Third Reich: Lti: Lingua Tertii Imprerii》에서 그는 나치 이데올로기가 대중이 사용하는 일상언어에까지 침투하는 과정을 상세히 기술한다.

전체주의의 독특한 언어

그 시절 독일에서 암살은 '특별조치', 고문은 '강력심문', 강제수용소행은 '대피'라 불렸다. '광신적'이라는 표현은 자기들을 수식할 때는 긍정적 의미로, 적을 수식할 때는 부정적인 뜻으로 사용했다. '이질적 종자'나 '영원한 유태인' 등 적을 공격하는 다양한 상투어들을 만들어 퍼뜨리는 것 역시 전체주의 언어의 중요한 특징이다.

비슷한 현상이 이 나라에서도 나타나고 있다. 증거인멸은 '증거보전', 대리시험은 '오픈북', 미사일은 '발사체'라 불린다. '무죄추정의 원칙'도 제 편할 대로 그 대상이 자기편일 경우에는 '대법원의 확정판결 전까지는 다들 입 닥치라'는 뜻으로 쓰인다. 지금 그 덕을 톡톡히 보고 있는 조국 전 법무부 장관은 언젠가 이렇게 쓴 바 있다. "최종 재판 결과가 나올 때까지 기다려야 한다는 주장은 초동 수사부터 대법원 판결 때까지 시민의 입, 손, 발을 묶어놓고 국가기관 주도로 사건의 진실을 농단하려는 수작이다." 지난 정권하에서는 이렇게 설파했던 그가 지금은 '무죄추정의 원칙'에 대한 제 지지자들의 무지와 오해를 바로잡아줄 생각은 없어 보인다.

다른 한편 정적에 낙인을 찍는 상투어들도 널리 사용된다. '기레기'나 '윤짜장' 같은 표현은 애교에 속한다. '토착왜구'는 다소 심각하다. 그 바탕에 인종주의·민족주의 이념이 깔려 있기 때문이다. 이런 말을 반복적으로 쓰다 보면 저도 모르는 사이에 이념에 적하된(ideology-laden) 상태가 된다. 이념에 사로잡힌 이들과는 정상적 소통이 불가능하다.

정치적으로 민감한 맥락에는 '적폐'라는 표현이 즐겨 사용된다. 주로 적으로 지목된 집단을 상대로 사용하는 말인데, 최근 법원에서 몇 차례 정권에 거슬리는 판결을 내리자 '검찰적폐'와 '언론적폐'에 이어 '사법적폐'라는 말이 새롭게 등장했다. 그들은 위기에 처할 때마다 새로 '적'을 발명해 그 앞에 이 딱지를 붙이곤 한다.

선출 권력은 법을 초월하는가

최근 그들이 빈번히 사용하는 것은 '선출된 권력'이라는 말이다. 이 표현은 '쿠데타'나 '통치행위'라는 말과 하나로 묶여 대통령을 헌법 위에 올려놓고 청와대를 대한민국의 법률이 적용되지 않는 치외법권 지역으로 선포하는 데에 사용된다. '누구도 법에서 예외일 수 없다'는 법치주의 원칙을 정면으로 부정하는 셈이다.

민주주의 국가에선 대통령도 법의 구속을 받는다. 그 잘난 '통치행위'도 헌법과 법률 안에서 이루어져야 한다. 하지만 민주당 사람들에게는 이 상식이 없다. 그들은 대통령은 '통치행위'라는 이름의 초법적 행동을 할 권한이 있다고 믿고, 거기에 따르지 않는 이들은 '선출된 권력'에 저항하는 '쿠데타' 세력으로 간주하곤 한다.

김두관 국회의원의 말을 들어보자. 그는 법원의 판결이 "대통령의 권력을 정지시킨 사법 쿠데타"라고 주장한다. "국민이 선출한 대통령의 통치행위가 검찰과 법관에 의해 난도질당하는 일을 반드시 막겠다." 머리도 참 나쁘다. 절차를 위반한 징계가 대통령의 통치행위였다니, 결국 대통령의 직권남용 사실을 자인한 셈이다.

임종석도 끼어든다. "선출되지 않은 권력이 선출된 권력을 짓밟는 일을 반드시 막겠다." 출마 선언을 참 이상하게도 한다. 정치인만이 아니다. 서울대 민교협(민주평등사회를 위한 전국 교수연구자협의회)에서도 법원이 판결로 "선출된 권력에 노골적으로 저항"한다는 성명을 발표했다. 모 신문에는 묘한 제목의 칼럼이 실렸다. 〈이제 판사를 선거로 뽑아야 할까?〉

히틀러도 선출된 권력이었다

이 표현의 바탕에는 부당전제가 깔려 있다. 즉 '오직 선출된 권력만이 정당하며 선출되지 않은 기관은 기득권층'이라는 것이다.

이는 정치적 프레임이기도 하다. 자기들은 선거를 통해 선출된 권력이니 검찰이든 감사원이든 사법부든 선출되지 않은 자들은 자기들이 하는 숭고한 개혁질에 손도 대지 말라는 준엄한 경고다.

'선출된 권력론'을 떠들어대는 것은 실은 자기들 정권의 정당성을 부정하는 것이나 다름없다. 박근혜 전 대통령을 생각해보라. 그 역시 '선출된 권력'이었다. 하지만 선출되지도 않은 9인의 헌법재판관들에게 탄핵당했다. 그 일이 그렇게도 부당하다면, 지금이라도 감옥에 있는 그를 데려다 부정 취득한(?) 정권을 반납할 일이다.

민주주의의 생명은 삼권분립에 있다. 그중 사법부는 원래 선출된 권력이 아니니 '삼권분립'이란 선출 권력과 비선출 권력 사이의 견제를 의미하는 것이다. 고로 그저 '선출'되었다는 이유만으로 대통령이 전권을 갖는다는 것은 있을 수 없는 일이다. '우리 이니 하고 싶은 대로 다해.' 이는 민주주의 사회에서는 이루어질 수 없는 꿈이다.

그 꿈은 다른 체제에서나 가능하다. 실제로 선출된 후에 하고 싶은 대로 다 한 지도자가 있었다. 아돌프 히틀러. 나치당은 문재인의 대선 득표율보다 고작 2퍼센트 더 높았을 뿐이다. 하지만 1933년 3월, 나치는 그 힘으로 '전권위임법'을 통과시켜 총통에게 전권을 몰아준다. 바로 그날 독일의 민주주의는 종언을 고한다.

민주주의라는 말의 오염

얼마 전 대통령이 중요한 판결들을 앞두고 대법원장과 헌법재판소장을 청와대로 불렀다. '권력기관 개혁'에 협조하라는 은근한 압력이 있었지만, 법원에서는 검찰총장 징계의 집행을 정지시켰다. "주문, 대통령이 신청인에 대하여 한 정직 처분의 효력을 정지한다." 이 나라에 권력분립의 민주적 시스템이 아직 기능하고 있는 것이다.

이에 발끈한 김두관 국회의원이 검찰총장 탄핵을 추진하고 나섰다. "사법부의 결정을 불가역의 최종 결정으로 받아들여야 합니까? 저는 아니라는 결론에 도달했습니다." 행정부가 못한 일을 입법부에서 대신 처리하겠다는 이야기다. 이 과감한 발상은 170대의 뇌 없는 무적의 거수기 부대가 의회를 장악하고 있다는 자신감에서 나온다.

"헌법재판소에서 탄핵이 기각될 수" 있다는 것쯤은 그도 잘 안다. 그래도 그 짓을 하는 것은 "국회 의결 즉시 윤 총장의 직무는 중지"되기 때문이다. 그에게는 다 계획이 있다. "탄핵과 동시에 윤 총장과 그 가족에 대한 특검을 추진하거나 공수처에서 윤 총장 개인의 범죄행위에 대한 수사에 착수"한다는 것이다. 국회의원인지 깡패인지.

"대통령과 민주주의를 지켜야 합니다." 월성원전 수사가 "대통령에 대항"하는 것이라고 하는 걸 보니, 경제성 평가 조작이 아마도 대통령 지시였던 모양이다. 문제는 '민주주의'라는 말의 오염이다. '민주주의'라는 말이 어느새 최고 권력자의 비위를 덮어두기 위해 권력기관을 동원해 타인과 그의 가족을 손봐주는 것을 의미하게 된 것이다.

대중과 지도자의 결합

추미애 법무부 장관도 제 유튜브에 같은 당 민형배 국회의원의 글을 올려 탄핵에 찬성하는 의중을 드러냈다. 글의 제목이 재미있다. 〈윤석열 탄핵, 역풍은 오지 않는다.〉 이분들이 현실감각을 잃어버렸다. 완전히 정신줄을 놓았다. 그때는 오체투지를 하셔도 모자랄 텐데 삼보일배로 망가졌다는 장관님의 관절이 괜찮으실지 모르겠다.

탄핵을 강행하자는 이들의 자신감은 광적인 지지자들에게서 나온다. "우리는 압도적인 지지를 보내준 국민들과 지지자들의 목소리에 응답할 의무가 있다."(김두관) "지지층의 분노야말로 민주 진영의 정치적 대표자들이 가장 두려워해야 할 '역풍'이다."(민형배) 정경심 교수 재판부의 탄핵을 요구하는 청와대 국민청원에는 무려 40만 명이 참여했다.

이렇게 대중의 분노를 동원하는 것 또한 전체주의 문화의 특징이다. 나치는 히틀러 1인이 아니라 실은 대중의 독재였다. 하지만 이 낯선 문화를 이 나라에 이식하려는 그들의 시도는 실패할 것이다. 잇단 법원의 판결이 보여주었듯이 민주적 시스템은 여전히 작동하고, 정권의 광신적 지지자들은 소수 극렬화해 점차 고립되어 가고 있기 때문이다.

'선출된 권력'이라는 말을 입에 달고 사는 것은 그들의 의식이 여전히 1987년 이전에 머물러 있음을 증명한다. 그 시절엔 정말로 '민주주의'가 국민이 대통령을 직접 선출하는 것만을 의미했었다. 한편, 선출된 권력이 법을 초월한 '통치행위'를 해도 된다는 발상은 1980년대에 그들이 받았던 민족해방NL: National Liberation 인민민주주의 학습의 흔적으로 보인다.

집권한 이들이 자유민주주의와 인민민주주의를 구별하지 못하는 것은 국가적으로 불행한 일. 교양의 결핍이 빚은 이 언어학적 재난이 지금 벌어지는 모든 사태의 원인이다. 민주주의의 파괴가 '민주주의'라 불린다. 언어가 혼란스러워졌다는 것은 전체주의화의 첫 조짐이다. 그 위험을 과장할 필요는 없다. 하지만 결코 무시해서도 안 된다.

05

'우리 편'들의 국정농단

"왜 우리 편에 서지 않느냐." 박범계 법무부 장관이 신현수 민정수석에게 이렇게 말했단다. 정의의 여신 디케는 편을 가르지 않으려고 제 눈을 가리는데, 정의를 담당하는 부서의 장관이 '편' 가르는 것으로 임기를 시작한다. 이 나라에선 정의를 무너뜨리는 것이 아예 법무부의 사명이 되어버렸다.

이 나라를 누가 통치하는가

인사의 기준도 결국 '우리 편'이었다. 검찰총장 징계 사태에 책임을 물어야 할 이성윤 서울중앙지검장은 유임했다. 나중에 검찰총장 시킬 모양이다. 검찰총장을 음해하는 데에 제보자·고소인·검사·판사·증인의 1인 5역을 했던 심재철 법무부 검찰국장은 남부지검장으로 영전했다. 나라의 중요 사건을 담당하는 두 부서를 모두 장악한 것이다.

이쯤 되면 대통령의 생각이 무엇인지 알 수가 없다. 책임을 물어 추미애 전 법무부 장관을 경질했을 때만 해도 뭔가 바뀔 것이라는 기대가 있었다. 실제로 대통령은 자신이 징계를 재가했던 윤석열 검찰총장을 다시 "우리 정부의 검찰총장"이라 부르기까지 했다. 그런데 후임 장관이 곧바로 '추미애 시즌 2'를 연출한다.

결국 대통령만 바보가 된 셈이다. 실제로 검찰 인사안이 대통령 재가 없이 발표되었다는 보도가 있었다. 민정수석이 그 책임을 물어 법무부 장관의 감찰을 요구했으나 거절당했다는 소리도 들린다. 청와대에서는 이를 부인했지만, 정작 대통령의 재가가 어떻게 이루어졌는지에 대해선 입을 다물고 있다. "보고되는 과정과 재가 과정은 통치행위로 봐야 한다." 이렇게 말하는 것을 보니 인사안이 대통령의 재가 없이 발표된 것이 사실인 모양이다. 그게 통치행위였단다. 여기서 우리는 한 가지 의문을 갖게 된다. 이 나라는 누가 통치하고 있을까? 대통령을 건너뛰고 인사안을 발표하는 것은 대체 '누구의' 통치행위일까?

조국은 '카게무샤'인가

박범계 법무부 장관이 말한 '우리 편'은 누구일까? 조국 라인? 그동안 검찰에 관련된 일은 현직이 아닌 전직 장관이 지휘하다시피 했다. 법제사법위원회에 포진한 강성의원들의 검찰 해체 공작도 조국 전 법무부 장관과 조율된 느낌이다. 추미애 전 법무부 장관이 수사지휘권을 발동했을 때도 법무부 문안이 조국 라인을 통해 밖으로 샌 바 있다.

전직 장관이 SNS로 검찰 해체를 독려하고 당 전체가 그의 춤에 장단을 맞춘다. 검찰에게서 모든 수사권을 빼앗아갈 중대범죄수사청. 그것도 처음엔 몇몇 초선 의원들의 객기로 보였지만, 조국 전 법무부 장관이 "검찰개혁의 마지막 단추"라며 "더불어민주당과 열린민주당의 결단"을 촉구하고 나서자 아예 여당의 공식 입장으로 굳어졌다.

이들이 검찰을 해체하려는 데에는 이유가 있다. 하나는 검찰총장 징계가 불발로 끝난 것에 대한 공적인 보복, 다른 하나는 자기들을 기소한 데에 대한 사적 복수다. 조국을 위시해 검찰의 직접 수사권을 박탈하려 드는 이들은 대부분 검찰에서 조사를 받거나 기소되거나 혹은 1심에서 유죄판결을 받은 바 있다.

사실 조국 라인 초재선의 막강한 영향력은 그것이 정권 실세의 이해와 일치한다는 데에서 나온다. 즉 친문 실세들이 이들을 앞세워 자기들을 향한 검찰의 수사를 무마하고, 지지층을 정치적 흥분상태로 유지해 지지율을 관리해온 것이다. 박범계 법무부 장관이 말한 '우리 편'은 아마 이들을 가리킬 게다.

누가 국정을 농단하는가

민정수석이 사의를 표명한 게 그저 자기 '개인'을 따돌린 것에 대한 개인적 항의는 아니었을 것이다. 그가 정말로 대통령에게 법무부 장관에 대한 감찰을 건의했는지는 모르겠다. 하지만 그 과정에서 '감찰'이라는 말이 흘러나왔다는 것은, 민정수석이 그 사안을 감찰이 필요할 정도로 심각한 사태라고 판단했음을 시사한다.

검찰총장 징계 사태의 책임을 물어 추미애 법무부 장관을 경질

한 것은 앞으로 국정의 기조에 변화를 주겠다는 대통령의 대국민 약속이었다. 그런데 이를 신임 장관이 뒤집어 대통령을 졸지에 실없는 사람으로 만들어버렸다. 신현수 민정수석의 눈에는 이것이 대통령의 인사권에 대한 중대한 침해로 비쳤을 것이다.

결국 조국 전 법무부 장관에 대한 수사를 대통령 인사권에 도전하는 '쿠데타'라 우기더니, 정작 진짜 쿠데타는 자기들이 한 셈이다. 일각에선 그 배후로 '부엉이 모임' 출신들이 만든 '민주주의 4.0'을 지목한다. 실제로 법제사법위원장부터 법무부·행정안전부·중소벤처기업부·문화체육관광부 장관까지 이 친문 하나회에서 차지하긴 했다.

문제는 대통령이다. 법무부 장관이 들고 온 인사안이 '추미애 시즌 2'라는 것을 몰랐을 리 없다. 그런데도 그 안을 추인해줬다. 대통령이 줏대 없이 이들 친문 하나회 세력에 끌려 다닌다는 이야기다. 지지자들은 '우리 이니 하고 싶은 대로 다하라'고 하는데, 정작 청와대에서 하고 싶은 대로 다하는 이들은 따로 있는 모양이다.

문제는 대통령 자신이다

아마도 그들은 늘 하던 버릇대로 했을 게다. 어차피 대통령의 인식도 그들과 별로 다르지 않다. 최순실의 뜻이 곧 박근혜의 뜻 아니었던가. 내 뜻이 어차피 대통령의 뜻이니 대통령은 이심전심으로 건너뛰어도 된다고 가볍게 생각한 것이고, 신현수 민정수석은 그것을 용납할 수 없는 국정농단으로 본 것이리라.

신현수 민정수석이 복귀하면서 대통령에게 제 "거취를 일임"한 것은 그의 결단을 촉구한 것이라 할 수 있다. 국정 운영을 정상화할 것인지, 아니면 앞으로도 이들의 국정농단을 방관할 것인지 대통령이 직접 결정하라는 이야기다.

대통령은 아직 결단을 내리지 못했다. 아니, 그 결단조차 대통령이 내리는 것인지 의심스럽다. 그나마 신현수 민정수석의 사표파동 덕에 이번 검찰 인사에서 정권 수사를 담당한 검사들이 자리를 지킬 수 있었다.

다른 한편, 별것도 아닌 사건을 우리고 또 우려먹은 사골 임은정 검사에게는 새로 수사권이 쥐어졌다. 그에게는 친노 대모 한명숙이 받은 뇌물의 악취를 제거하는 작업이 맡겨질 것이다. 모종의 타협이 이루어진 것이다.

그로써 사태가 해결된 것은 아니다. 레임덕lame duck이 걱정되어 수술하다 말고 절개한 부위를 급히 봉합한 것일 뿐, 대통령을 '패싱'한 농단의 세력과 기제는 아직 그대로 남아 있다. 복귀한 신현수 민정수석이 오래 버틸 것 같지는 않다. 그가 청와대에서 감시자의 역할을 계속하는 한 충돌은 불가피하기 때문이다.

'우리 편'의 정의

새로운 일이 아니다. 조국-추미애-박범계. 이 정권에서는 법무부 장관이 임명될 때마다 늘 사달이 났다. '정의'란 편을 가르지 않는 공정함을 가리키나 '정의부(법무부)'의 장관들이 늘 '우리 편'의 정의를 실현하려 했기 때문이다. 그때마다 민심은 정권을 떠났지만 지지율만 돌아오면 그들은 같은 짓을 반복해왔다.

어디 검찰에게만 그랬던가. 감사원장에게도 '우리 편'이 되라고 종용했다. 거짓말하는 대법원장을 통해 사법을 농단하고, 판사들의 편을 갈라 '우리 편'은 유임, 다른 편은 교체했다. 이렇게 공정이 요구되는 기관들의 장을 '우리 편'으로 만들어 정의를 사유화私有化하는 것이 아예 이 정권의 DNA가 되었다. 이 정권의 남다름은 '우리 편'의 정의를 아예 신념화했다는 데에 있다. 그들에겐 그게 나쁘다는 인식 자체가 없다. 왜 그럴까? 정치를 적敵과 아我를 가르는 전쟁으로 보기 때문이다. 전쟁터의 정의는 공정이 아니라 승리. 그래서 정의를 담당하는 기관의 장들까지 편 가르기를 하는 것이다.

내가 하면 착한 농단, 남이 하면 나쁜 농단. 이것이 '우리 편'의 정의다. 정의의 사유화는 비리를 감추고 특권을 지키는 데에 필요한 것이다. 한마디로 그들도 어느새 잃을 것보다 지킬 게 더 많은 기득권층이 되었다는 이야기다. 하긴 블랙리스트에 사법농단에 이제는 국정농단까지, 도대체 탄핵당한 정권과 뭐가 다른가.

역주행하는 민주주의

'우리 편'의 정의가 지배하는 사회는 기회주의자들의 천국이 된다. 진정으로 슬픈 것은 바로 이것이다. 진실을 말하는 이들은 고통을 받고, 제 직분을 지키는 이들은 핍박을 받는다. 반면 거짓을 말하는 이들은 영전하고, 직분을 배반하는 이들은 출세한다. 그 우울한 광경을 우리는 눈앞에서 지켜보고 있다.

역겨운 것은 그 짓을 역사적 사명으로 아는 그들의 허위의식이다. "역사의 전진을 위해 민주당이 승리해야 한다."(이낙연) 황당하지 않은가. 자기 당 지자체장의 성추행 사건 때문에 치르는 선거. 후보를 내지 않는 책임 정치에서 당헌까지 바꿔가며 후보를 내는 무책임한 정치로 가는 것이 '역사의 전진'이란다.

우스갯소리가 있다. 아내가 뉴스를 듣고 고속도로를 달리고 있는 남편에게 전화를 한다. "조심해. 거기 차 한 대가 역주행하고 있대." 남편이 대꾸한다. "한 대가 아니야. 차들이 다 역주행하고 있어." 자신이 앞으로 달리고 있다는 그의 신념이 다른 운전자들에겐 끔찍한 악몽이 된다. 지금 대한민국은 그 고속도로를 닮았다.

노무현 정권이 왼쪽 깜빡이 켜고 우회전을 했다면, 문재인 정권은 후진 기어를 넣고 전진을 한다. 역사의식의 방향을 잃고 역주행하는 자동차. 저 도로의 무법자를 누가 멈출 것인가. 폭주에 제동을 거는 일은 결국 유권자들의 몫으로 남는다.

06

법관 탄핵이라는 희생양 제의

"세상이 바뀌었다는 것을 확실히 느끼도록 갚아주겠다." 기소당한 직후 최강욱 국회의원은 보복을 다짐했다. 하지만 법원은 위조 인턴 증명으로 입시 업무를 방해한 사실을 인정해 그에게 징역 8개월에 집행유예 2년을 선고했다. 모쪼록 그에게 세상이 만만하지 않음을 '확실히 느끼'는 귀한 기회가 되었기를 바란다.

새로운 적을 발명하라

법정에서 그는 점령군 행세를 했다. 재판을 받다가 약속이 있다며 일어나는 피고인은 태어나서 처음 봤다. 이분이 어디 심판받을 분인가. 대통령 우편에 앉아 있다가 저리邸吏로서 검찰과 법원을 심판하러 오신 분이지. 그가 한마디 남겼다. "법원에서 검찰이 일방적으로 유포한 용어와 사실관계에 현혹되었다는 인상을 지울 수 없다."

같은 당의 황희석 최고위원은 "공소권 남용에 관한 주장에서 피의자의 조사받을 권리를 하찮게" 여겼다고 썼다. 하지만 검찰은 그의 '조사받을 권리'를 충분히 보장해주었다. 그 권리를 '하찮게' 여긴 것은 최강욱 본인. 검찰의 소환을 그는 세 차례나 거부했다. 아주 질이 나쁜 셀프 인권 침해범이다.

예상했던 대로 이들은 다음 개혁에 착수했다. 이른바 사법개혁이다. 이들의 개혁에는 늘 '적'이 필요하다. 그 적은 신속히 발명되었다. "법복을 입은 귀족들이 따로 만들어져 있다는 것을 실감한다."(황희석) 검사들을 대신해 이제 법관들이 새로 개혁에 저항하는 적폐 세력으로 재再정의된 것이다.

개혁의 방법은 법관 탄핵. 열린민주당에서 총대를 멨다. “이제 국민이 선출한 권력인 국회가 사법농단자들에게 책임을 묻고 사법개혁을 시작해야 한다. 열린민주당은 민주주의의 기초가 무너지는 것을 막아야 한다는 절박한 심정으로 법관 탄핵에 나설 것이며, 민주당이 함께 나서줄 것을 촉구한다.”

반복되는 레퍼토리

왜 느닷없이 법관 탄핵 카드를 꺼냈을까? 직접적 계기는 최강욱 판결이지만, 진짜 배경은 사법부의 판결에 대한 정권의 누적된 불만이다. 법원에서 자신들의 위법에 줄줄이 유죄를 선고하고, 자신들의 초법에 번번이 제동을 걸고 나서자, 사법부에 ‘세상이 바뀌었다’는 사실을 상기시켜주고 싶어진 것이다.

“스스로 개혁할 기회를 부여받았던 사법부는 더 이상 개혁 주체가 될 수 없다.” 익숙한 레퍼토리의 반복으로, 그동안 검찰에 해왔던 그 말을 그대로 사법부에 ‘복붙’한 것이다. 자기들이 세운 검찰총장을 공격하더니 이번엔 자기들이 세운 대법원장을 비난한다. “김명수 대법원장이 사법개혁을 배신했다.”(이탄희)

모든 게 검찰·감사원·법원·언론 탓이란다. 아무리 배터리를 교체해도 소리가 안 난다면 라디오가 고장 난 것이다. 그런데 이 사람들은 배터리 개혁을 하겠단다. 어느새 우리에게 익숙해진 초현실주의적 풍경이다. 아스팔트가 벌떡 일어나 제 뺨을 때렸다며 도로 행정을 개혁해야 한다고 우기는 주정뱅이의 주사를 보는 듯하다.

180석을 가졌으니 탄핵 의결은 이루어질 것이다. 한 번도 경험해보지 못한 일을 또 한 차례 겪을 모양이다. 이 정권 들어와 '헌정사상 초유'라는 말을 자주 듣는다. 왜 그럴까? 그것은 이 정권을 담당한 이들의 몸에 기입된 운동권 습속이 이 나라의 민주주의 시스템과 자꾸 충돌을 일으키는 현상으로 볼 수 있다.

목적을 잃어버린 탄핵

이미 2018년 11월 전국법관대표회의에서 국회를 향해 사법농단 판사들의 탄핵소추를 촉구한 바 있다. 그런데 그동안 내내 손 놓고 있던 민주당 의원들이 이제 와서 외려 판사들을 싸잡아 적폐로 몬다. 심지어 사법농단 세력의 의원 회유 공작을 거들었던 이수진 국회의원까지 목청 높여 '법관 탄핵'을 외친다.

무엇을 위한 탄핵일까? 탄핵 심판의 목적은 위법한 행위를 했으나 신분이 보장된 공무원을 해임해 직무를 정지시키는 데에 있다. 하지만 탄핵의 대상이 된 이는 어차피 임기 만료로 곧 옷을 벗을 예정이다. 그러니 심판의 실익이 있을 리 없다. 결국 고작 한 사람의 변호사 취업을 막겠다고 저 난리들을 치고 있는 것이다.

실익이 없는 탄핵도 가능하다며 트럼프 예를 든다. 하지만 트럼프는 한 나라의 대통령이자 사망자가 발생한 국회의사당 폭력 사태의 선동자다. 그러니 '상징적' 의미라도 갖는다. 반면 이번 탄핵의 대상은 이름도 생소한 일개 판사다. 게다가 그는 그저 판결문의 문구만 주물렀을 뿐 유무죄의 판단엔 개입하지도 않았다.

그 일로 인해 그는 법정에서는 무죄를, 법원에서는 견책의 징계를 받았다. 그런데 굳이 탄핵까지 해야 하나? 물론 탄핵은 행정심판이라서 유무죄와는 관계가 없다. 하지만 이론적으로 가능하다 해서 그 일을 꼭 해야 하는 것은 아니다. 과거 야당들은 노무현 대통령을 탄핵소추했다. 그런데 그 소추를 꼭 했어야 했던가?

출구전략을 위한 희생양 제의

사법농단 사태의 본령은 강제징용 피해자 소송이다. 양승태 대법원장 등 몇몇 법관들이 재판을 고의로 지연시켜 청구권 소멸시효를 완성하는 꼼수를 부렸다. 이는 사실상 판결에 준한 개입을 한 것이므로, 이것이야말로 제대로 된 의미의 '농단'이다. 그런데 이번에 탄핵의 대상이 된 판사는 정작 그 일과는 아무 관련이 없다. 강제징용 피해자 소송과는 관계도 없는 이가 졸지에 간택을 받아 사법농단의 '상징'으로 떠올랐다. 말이 '위헌'이지, 그 중대성에는 명예훼손 판결의 문구에 손대는 것에서 전두환의 군사 쿠데타에 이르기까지 다양한 차이가 존재한다. 주문도 아니고 방론에서 언급된 '위헌'이라는 말에서 곧바로 탄핵으로 비약할 일이 아니다.

고작 명예훼손 소송을 사법농단의 대표 사례로 내세우려니 명분이 부족했나보다. 이낙연 민주당 대표는 "세월호 참사 진상규명 요구를 위축시키기 위해" 한 일이라며 새로운 정치적 죄목을 첨가한다. 하지만 탄핵의 대상이 된 임성근 판사가 그로써 세월호 사건의 진상규명을 방해하려 했다는 가정은 지극히 비개연적이다.

2년이나 늦게, 그것도 딱 한 사람을 찍어 탄핵하는 데에는 그럴 만한 사정이 있다. 권력 비리 수사를 막는 싸움에서 전패하니, 표적을 슬쩍 사법부로 돌려 국면 전환을 꾀하려는 것이다. 게다가 이 싸움의 장은 법원이 아닌 국회. 180석은 산술적으로 승리를 보장한다. 임성근 판사는 그 출구전략의 희생양으로 선택된 것이다.

디지털 시대의 인민재판

사법농단은 허울이고 그들의 속내는 따로 있다. 그들도 이번 탄핵이 이른바 '사법개혁'의 일환임은 부정하지 않는다. 탄핵 주역의 말을 들어보자. "예전에는 엉뚱한 판결이라고 느껴도 40만 명이 서명하는 일은 없었다. 사법 불신이 언제부터 누적되기 시작한 건지 짚어봤으면 좋겠다."(이탄희)

저 '40만 명'은 정경심 교수 재판 판사들의 탄핵 청원에 서명한 이들의 수다. 판결에 문제가 있다면 사실과 법리를 따져 비판할 일. 그게 불가능하니 그저 성난 '대깨문'의 머릿수나 인용하는 것이다. 판사 출신 국회의원이 디지털 인민재판에서 '정의'를 구한다. 이 모든 부조리한 사태가 실은 민주당 율사들의 이상한 법 관념에서 비롯된다.

그동안 법원에서 내린 일련의 판결은 허위와 날조로 지어진 민주당 지지자들의 상상계를 가차 없이 파괴했다. 40만 명의 성난 목소리는 그 허구의 세계를 철거당한 이들의 좌절을 반영한다. 그들을 계속 붙들어두려면 그들의 허탈과 분노를 달래줄 무언가가 필요하다. 그 '무언가'가 바로 법관 탄핵이다.

고작 한 사람의 취업을 막을 뿐이나 그래도 이 목적 잃은 탄핵의 '정치적' 효용은 크다. 이 보잘것없는 승리로 지지자들의 머릿속에 자신들이 이 썩은 나라의 구원자라는 허위의식을 계속 유지시킬 수 있기 때문이다. 그래서 2년간 묵혀두었던 탄핵 깡통이 보존기간 만료 직전에 다시 먹고 싶어진 것이다.

우리는 선출하지 않았다

사법농단의 모든 책임을 애먼 사람이 짊어졌다. 검찰개혁을 한답시고 민주당이 범한 모든 과오의 책임도 그가 대속代贖할 것이다. 단 한 명의 희생으로 사법부는 순결해지고, 민주당은 완전해지고, 지지자들은 행복해진다. 얼마나 좋은가. 그래서 21세기의 국회에서 신석기시대 희생양 제의를 집전하는 것이다.

그놈의 '선출된 권력' 타령은 여전하다. "선출되지 않은 권력인 사법부를 국회가 이제는 정말 제대로 견제를 해야 되겠다."(이수진) 법정에서 자기에게 불리한 증언을 한 판사를 탄핵하겠다고 엄포를 놓았던 그분의 말씀이다. 이참에 그 선출된 권력 타령에 대해 국민의 한 사람으로서 한마디 해야 쓰겄다.

솔직히 당신들, 좋아서 뽑아준 거 아니다. 우리에겐 '선택'의 여지가 없었다. 이 나라 선거판은 어차피 대변(최악)과 소변(차악) 중 하나를 고르도록 강요된 게임. 소변을 기대하고 골랐다가 매번 상자 안에서 대변을 확인하게 되는 그런 게임이다. 선출된 대변들께서는 이 사실을 잊지 않았으면 좋겠다.

제4부
국가보안법에서 민족보안법으로

01
해방전후사로 되돌아간 나라

소설가 조정래가 《반일 종족주의》의 공동저자 이영훈을 “신종 매국노이자 민족 반역자”라고 비난했다. 이영훈 이사장이 소설 《아리랑》에 묘사된 일본 경찰의 조선인 학살 장면이 왜곡이라 비판한 데에 대한 반응이었다. 이 충돌을 그저 두 자연인 간의 감정싸움으로만 볼 일은 아니다. 그 바탕에는 국가 공동체의 기억을 조직하고 그로써 국가 정체성을 정립하는 문제가 깔려 있기 때문이다.

역사학자 논쟁

독일에도 비슷한 일이 있었다. 1986년 역사학자 에른스트 놀테Ernst Nolte가 일간지 《프랑크푸르터 알게마이네 차이퉁》에 도발적인 글을 발표했다.

> 나치와 히틀러가 '아시아적' 행위를 저지른 것은 자기 자신들을 어떤 '아시아적' 행위의 잠재적 혹은 현실적 희생자로 여겼기 때문이 아닐까? '수용소군도'가 아우슈비츠의 원조였던 것은 아닐까? 볼셰비키의 계급학살이 나치의 인종학살의 논리적·사실적 선행자였던 것은 아닐까?

놀테의 주장은 두 가지로 요약된다. 첫째, 홀로코스트와 스탈린주의 사이의 '인과적 연결'. 즉 홀로코스트는 스탈린주의의 만행에 대한 반작용일 뿐이며, 아우슈비츠의 원형은 소련의 노동 수용소에 있다는 것이다. 둘째, 홀로코스트의 유일성singularität의 부정, 즉 나치의 인종학살은 가스실을 사용했다는 기술적 측면을 제외

하면 다른 나라들이 저지른 범죄와 다를 게 없다는 것이다.

이를 철학자 위르겐 하버마스Jurgen Habermas가 반박하면서 논란은 '역사학자 논쟁Historikerstreit'이라 불리는 거대한 논쟁으로 번지게 된다. 논쟁의 배경이 된 것은 '신보수화' 경향이었다. 1970년대 후반 진보가 세계적으로 퇴조기에 들어가자, 그동안 숨죽이고 있던 보수주의자들이 속내를 드러내기 시작한 것이다. '도대체 우리가 언제까지 앞 세대의 죄를 뒤집어쓰고 남에게 사과만 하며 살아야 하는가.'

대논쟁의 끝에 홀로코스트와 스탈린주의 사이의 '인과적 연결'은 없으며, 홀로코스트가 '유일성'을 띤다는 사실이 재확인되었다. 한 인종 집단을 멸종시키기 위해 국가기관이 조직적·체계적 프로그램을 가동한 경우는 역사에 유례가 없다는 것이다. 놀테의 주장은 명백히 나치 범죄를 상대화하는 역사수정주의에 속한다. 하지만 그 엄격하다는 독일에서도 그로 인해 그가 처벌받지는 않았다.

이영훈의 '반일 종족주의'

한국에도 수정주의자들이 있다. 대표적인 예가 《반일 종족주의》의 저자들. 그들의 논리도 놀테의 것과 다르지 않다. "일본군 위안부의 원류는 조선시대 기생제이며, 해방 이후에도 한국군·미군 위안부 형태로 존속했다." 즉 일본군 위안부와 조선시대 기생 사이에는 '인과적 연결'이 존재하며, 한국군과 미군도 비슷한 제도를 운영했으니 일본군 위안부의 '유일성'을 인정할 수 없다는 것이다.

일본군 위안부 문제는 학문적 이슈라기보다는 피해자의 고난을 기념하는 정치적 이슈에 가깝다. 때문에 피해자의 고통을 강조하려고 '사실'을 넘어 빈 곳을 상상력으로 채우기도 하고, 극단적 사례를 골라 사건을 과장하는 일도 벌어진다. '위안부 소녀상'도 그런 보정 작업을 거쳐 빚어진 이미지다. 이런 허점을 파고들기 위해 수정주의자들이 즐겨 사용하는 무기가 바로 '역사실증주의'다.

'식민지근대화론'을 보자. 수정주의자들은 일제하에서도 인구와 생산력이 늘었음을 '실증'한다. 문제는 비교의 대상이 조선시대라는 데에 있다. 제대로 된 비교라면 그 대상이 자주적 근대화를 했을 경우의 조선이어야 한다. 하지만 그런 조선은 가정으로만 존재하기에 실증할 수가 없다. 그들에게 실증되지 않는 것은 곧 없는 것. 그러니 조선은 근대화 능력이 없었다는 결론으로 나갈 수밖에.

그래서 일본이 나서서 조선을 근대화했다. 그런데 감사는커녕 외려 사과를 하란다. 대체 한국인들은 왜 저러지? 여기서 그들은 '민족성론'으로 나아간다. '반일 종족주의'가 한국인의 DNA이며 그 뿌리는 저 멀리 샤머니즘의 전통에 닿아 있다는 것이다. 여기서 그들이 자랑하는 '실증주의'가 얼마나 허구적인지 드러난다. 이 허무맹랑한 주장을 대체 무슨 수로 실증하겠다는 것일까?

조정래의 '토착왜구'

식민지근대화론은 실은 민족주의 사학의 자기반성이었다. 이영훈 이사장의 스승 안병직 교수는 일찍이 '식민지반봉건사회론'을 주창한 바 있다. 일본의 식민 통치로 근대화가 지체되어 남한이 미국의 식민 지배를 받는 반半봉건사회에 머물러 있다는 것이다. 하지만 당시 한국은 이미 발달한 자본주의사회. 워낙 사실과 동떨어진 주장이라 안 교수는 이를 폐기하고 우익으로 전향한다.

문제는 이 식민지반봉건사회론의 정치적 함의다. '식민지반봉건'의 상태에서 벗어나려면 미국을 몰아내고 북한과 통일하는 수밖에 없다. 거기서 나온 것이 '반미자주화'라는 1980년대 NL 운동론이다. 이 논리를 받아들이면 한국전쟁 역시 남한 인민을 미국의 식민 통치에서 구하기 위한 민족해방전쟁으로 보게 된다. 바로 여기서 식민지근대화론과 대척점에 있는 좌익 수정주의가 탄생한다.

거기에도 다양한 버전이 있다. 이승만의 북진통일론을 빌미로 삼는 '북침론', 남한이 애치슨 라인에서 제외된 것을 근거로 한 '유도남침설', 38선에서 늘 벌어지던 국지전이 전면전으로 비화한 것에 불과하다는 설 등. 사실 이 이론들의 대부분은 브루스 커밍스 Bruce Cumings 등 미국 좌파학자의 것을 들여온 것이다. 운동권 필독서였던 《해방전후사의 인식》의 바탕에는 이 역사수정주의가 깔려 있다.

한때 도그마를 파괴하는 역할을 했던 그 책이 이제는 스스로 도그마가 되었다. 이 책으로 역사를 공부한 집권 세력은 "친일 미未청산이 한국 사회의 기저질환"이라는 인식을 갖고 있다. 해방 75년이 넘도록 여전히 "분단에 기생해 존재하는 친일"이 민족의 발목을 잡고 있다는 착란에 빠져 있는 것이다. 그런데 지금 살아 있는 친일파가 없으니 자꾸 죽은 친일파를 무덤에서 꺼내려는 것이다.

역사란 무엇인가

과거사 문제에는 두 개의 차원이 존재한다. ① 수난의 역사를 기록하는 학문적 실증, ② 희생자의 고통을 기념하는 정치적 활동. 이 두 차원이 서로 생산적 긴장관계를 맺을 때 비로소 올바른 기념이 가능하다. 하지만 민족주의자들은 기념의 효과를 높이기 위해 종종 엄밀한 실증을 생략한다. 식민지근대화론자는 그 틈을 치고 들어와 학적 실증을 기념의 필요성을 부정하는 데에 쓴다.

역사에서 '실증'은 중요하나, '실증주의'는 다른 문제다. 사실 식민지근대화론자들 역시 민족주의자들 이상으로 이념적이다. 반일 감정의 뿌리가 샤머니즘이라는 주장은 학문이 아니라 일본 우익이 조선인을 상대로 가졌던 인종적 편견의 재판일 뿐이다. 민족

사학을 비판하려다 과거의 식민사관으로 퇴행해버린 셈이다. '반일 종족주의'는 '조센징'의 근성을 뜯어고치자는 21세기 민족개조론이다.

한편, 학적 연구에 정치적 열정을 앞세우면 이념으로 현실을 재단하고, 상황을 과장하거나 선악의 구도로 극화하는 오류에 빠지게 된다. 위안부상은 '순결한 소녀'의 이미지로 표상되었으나, 우리는 위안부가 되는 데에는 다양한 방식과 사정이 있음을 안다. 사실에 충실했다면 조선 강제징용 피해자의 동상이 일본의 탄광 노동자를 모델로 만들어졌다는 민망한 시비에 휘말리지 않아도 되었을 것이다.

이영훈은 1948년의 이승만으로 빙의해 건국 운동을 하고, 조정래는 아직도 지리산에서 해방 투쟁을 한다. 두 세력이 각자 국가를 건립하거나 민족을 해방한다는 망상에 사로잡혀 싸우는 것을 말릴 수는 없다. 한 가지 확실한 것은 그 싸움이 시민의 자유주의적 권리를 제약하는 데로 흘러서는 안 된다는 것이다.

조정래는 과거 소설로 인해 국가보안법으로 기소당한 바 있다. 그런 그가 최근 반민특위의 부활을 주장하고 나섰다. "150만, 60만 하는 친일파들을 전부 단죄해야 한다고 생각합니다. 일본의 죄악에 대해 편들고, 역사를 왜곡하는 그자들을 증발하는 새로운 법을 만드는 운동이 전개되고 있습니다. 제가 적극 나서려고 합니다." 국가보안법이 가니 민족보안법이 올 모양이다.

단죄해야 할 그 '150만, 60만'은 누구일까? 아마도 100만에 달한다던 '남한 내 간첩'만큼 애먼 이들일 게다. 결국 자신의 도그마에 이의를 제기하는 자들은 민족 반역자로 간주해 단죄하겠다는 이야기다. 시민을 '용공'으로 몰던 문화가 '민족정기'라는 이름의 민족 광기로 부활했다. 에드워드 카Edward Hallett Carr의 말대로 역사는 과거와 현재 사이의 끊임없는 대화다. 그 대화를 법으로 단절해서는 안 된다.

02

민주당 586의 NL 상상계

도박판인가? 여당에서 가덕신공항 카드를 내놓자 야당에서 그 위에 한일 해저터널을 얹어 되받아친다. 둘 다 진지한 고려에서 나온 정책적 의제가 아니라 지역 민심을 사려고 급조한 선거용 공약일 뿐이다. 해저터널은 경제성이 불투명하고, 가덕신공항은 이미 경제성에서 가장 낮은 평가를 받은 바 있다.

친일이라는 만능열쇠

야당이 몰라서 그러겠는가. 민주당이 선점한 의제를 중립화한 후 해저터널을 새로운 의제로 설정하려는 것이다. 여기서 내 관심을 끈 것은 여당에서 맞불로 내놓은 '친일' 프레임. 도요토미 히데요시의 '정명가도'까지 등장하고 난리가 났다. 총선은 한일전 만들더니 보궐선거는 아예 임진왜란으로 치르려나보다.

여당의 친일 프레임은 선거 외에도 다양한 용도로 쓰인다. 가령 강제징용 피해자 소송 판결로 일본이 경제보복에 나섰을 때 조국 민정수석은 《일본회의의 정체》라는 책을 들고 회의에 나왔다. SNS에는 〈죽창가〉를 올렸다. 이 문제가 행여 정권 책임론으로 번질세라 민족주의 정서를 소환해 상황을 돌파하려 한 것이다.

가장 중요한 요도는 비리를 덮는 것이다. 윤미향 사태는 간단히 "친일·반인권·반평화 세력의 최후 공세"(김두관)로 처리되었다. 그렇게 "친일사관에 빠져 있는 세력"(민병두)에 이용당하니 "일본 정부와 친일 세력"만 좋아하는 바, 이것이 "완전하게 친일 청산을 하지 못한 나라의 슬픈 자화상"(송영길)이라는 것이다.

색다른 용도도 있다. 김원웅 회장의 광복회에서는 민주당의 설훈·우원식·안민석 국회의원에게 '우리 시대의 독립군상'을 수여했다. 은수미 성남시장에게는 '단재 신채호상'을, 추미애 전 법무부 장관에게는 '최재형상'을 수여했다. 결국 최재형기념사업회에서 고인의 독립정신을 훼손한다고 이의를 제기하는 바람에 상 자체가 폐지되었다.

586의 NL 상상계

조국백서(《검찰개혁과 촛불시민》)는 586 세력의 상상계를 잘 보여준다.

> (조국) 사태의 시작은 대법원 강제징용 관련 판결이었다. … 나라 도처에 친일분자들이 집단적으로 서식하고 있는 현실이 적나라하게 노출된 상황이었다. 한반도의 평화와 민족의 자주적 입지를 만들기 위한 민주세력의 역사관을 무너뜨려보겠다는 자들의 반란이었다.

이것이 그들이 들어 사는 NL 상상계다. "우리는 승리했다고 여겼으나 사실은 포위되어 있었던 것이다. 촛불혁명을 뒤엎으려는 반동의 기세는 만만치 않았다." 거의 망상 수준이다. 이 허구를 부정하면 "보통의 시민들이 가진 혁명의 주도권에 대한 이해와 경의가 부재한 탓"이라는 타박을 듣게 된다.

집권층과 지지자들이 이렇게 피포위 의식siege mentaluty에 사로잡혀 있으니 나라가 늘 혁명과 반혁명의 내전 상태에 있는 것이다. 거의 종교적 현상이다. 사이비 종교도 사회적 물의를 일으켜 교단이 위기에 처하면 그게 다 도처에 서식하는 사탄 세력이 자신들을 핍박하는 현상이라 설명하지 않던가.

공당이 '총선은 한일전'이라는 슬로건을 내건다. 민망한 일이다. 이게 가능한 것은 민주당의 주류와 지지층이 정치적 신앙 공동체를 이루고 있기 때문이다. 그들을 하나로 결속시켜주는 것이 바로 NL 상상계, 즉 자신들이 '우리 시대의 독립군'으로서 친일파 후예에 맞서 민족해방 투쟁을 한다는 허위의식이다.

민주당은 항일 정당인가

이 상상계는 현실과 아무 관계없다. 민주당의 모체인 한국민주당(이하 '한민당') 친일 · 친미 반공 세력의 결집체. 이승만의 단독정부 수립을 지지했으니 논리대로라면 분단의 원흉인 셈이다. 게다가 상당수가 토지개혁에 반대하는 친일 지주들로 무상몰수·무상분배를 외칠 때 유상몰수·유산분배를 말하던 기득권 세력이었다.

홍영표 국회의원은 이승만이 반민특위를 막았다고 하나, 그것은 자신을 돕던 한민당 인사들이 수사 대상이었기 때문이다. 한민당은 특위 해산의 공범이었다. 그 당의 조병옥은 미군정 경무부장으로 4.3 사태의 강경 진압을 지시해 '학살 원흉'이라 불린다. 후에 그는 민주당을 결성했고, 그 아들은 새천년민주당의 대표를 지냈다.

독립운동가 후손들과 달리 친일파의 후손들은 국회의원이 되어 다들 잘 먹고 잘살았다. 민주당의 신기남·이미경 전 국회의원의 아버지는 일본 헌병이었다. 김희선 전 국회의원의 아버지 가네야마 상은 특무경찰로 이재오 국회의원 아버지를 체포한 인물. 홍영표 민주당 전 원내대표의 조부는 일제 강점기에 고위직을 지냈다.

한편, 친일파라는 이승만은 일본에선 외려 독도를 빼앗은 반일 인사로 간주된다. 독립기념관을 지은 것은 친일파의 후예라는 민주정의당 정권이었고, '역사 바로 세우기'를 한다며 조선총독부 건물을 철거한 것은 김영삼 정권이었다. 반면 광복회 회장인 김원웅 씨는 친일 후예 정당인 공화당·민주정의당·한나라당을 두루 거쳤다.

우리 민족이라는 상상의 공동체

한마디로 '민주당=독립군', '국민의힘=토착왜구'라는 상상계는 '역사'가 아니라 그들 머리에만 존재하는 '서사'에 불과하다. 그 허구의 이야기 속에서 체제가 전혀 다른 남한과 북한도 외세에 저항하는 하나의 운명공동체로 표상된다. 그들이 말하는 '조국'은 대한민국이 아니라 이 상상의 민족국가를 가리킨다.

"한반도의 평화와 민족의 자주적 입지"(《검찰개혁과 촛불시민》)라는 말은 결국 외세를 배격하고 우리의 운명을 우리 민족이 결정하자는 뜻이다. 이 낭만적 관념은 상상계의 북한을 현실의 북한으로 착각한 데에서 비롯된다. 이 같은 혼동은 북한의 선의에 대한 비현실적 기대감을 낳는다. 이번 북한 원전 사건도 그와 관련 있어 보인다.

그 계획을 '이적행위'라 부를 일은 아니다. 다만 공무원들이 왜 자료를 삭제하려 했는지는 아직 설명되지 않았다. 아마 윗선의 지시로 사업을 당시에 용인되던 수준과 속도를 넘어 무리하게 추진하려 한 모양이다. 어쩌면 '통치행위'라는 윤건영 국회의원의 말은 탈원전이 아니라 북한 원전을 가리키는지도 모른다.

북한과 관련해 민주당 의원들의 실언이 잦은 것 또한 '조선은 하나'라는 사고의 NL 상상계와 관련이 있다. 태영호를 "변절자"라 부른 문정복 국회의원의 폭언이나, "미국은 핵 5000개인데 북한은 갖지 말라는 법 있냐"는 송영길 국회의원의 실언은 그 상상의 공동체와 맺은 정서적 유대감이 무의식적으로 표출된 것으로 보인다.

상상은 현실이 아니다

소설 《태백산맥》은 NL 상상계의 중요한 일부를 이룬다. 한 세대가 이 소설로 현대사 공부를 대체했기 때문이다. 그 책도 한때는 반공의 터부를 깨는 진보적 역할을 했을 게다. 하지만 그 저자는 "반민특위를 부활시켜 150만에 이르는 친일파를 단죄해야 한다"고 말한다. 그럼으로써 그 이면의 반동성을 적나라하게 드러내고 말았다.

NL 상상계는 여러 문제의 올바른 해결을 방해해왔다. 위안부 문제도 민족이 아니라 세계시민의 관점에 서서 그것을 개인에 대한 국가의 폭력, 여성에 대한 남성의 폭력에 반대하는 한일 양국 시민들의 공동의제로 만들었어야 한다. '한일전' 프레임으로 양국 시민사회를 갈라놓을 일이 아니었다.

상상계로 현실을 대체할 수는 없다. 결코 내수용 축창으로 외교 문제를 해결할 수는 없는 일이다. 그 난리를 치고 강창일 주일대사는 '일왕'한테가 아니라 "천황폐하께" 신임장을 받았고, 대통령은 일본군 위안부 판결이 "곤혹스럽다"며 일본 자산을 강제집행하지 않겠다는 뜻을 비쳤다. 애초에 민족을 불러낼 일이 아니었던 게다.

민족이 너를 부른다

걱정스러운 것은 이 철 지난 대립적 민족주의가 다음 세대로 대물림되는 것이다. 비교적 이념에서 자유로운 젊은 세대의 반일은 '일본에 먹힌다'는 피해의식보다 '이제 해볼 만하다'는 대결의식에 가깝다. 낡은 NL 서사가 그 이념의 공백을 틈타 철없는 '국뽕' 게임에 세계관을 제공해주고 있는 것이다.

그렇게 얼떨결에 주체로 호출당한 이들은 뇌 용량이 1비트로 축소되어 세상을 흑백의 이분법으로 바라보게 된다. '검찰=사법부=언론=진중권=국힘=토착왜구…' 이런 등식은 필요에 따라 무한히 연장된다. 문제는 '토착왜구'라는 표현에 담긴 인종주의 정서다. 집권당이 나서서 인종주의 편견을 용인하고 조장하니 한심한 일이다.

'해방 후 친일 청산이 안 되어 아부하는 자들이 출세하고 정의로운 이들이 핍박받는 굴절된 현대사를 갖게 되었다.' 검찰 인사를 보면 그들의 말이 맞는 것 같다. 과연 권력의 주구들은 영전했고 원칙을 지킨 이들은 좌천되었다. 이렇게 그들은 열심히 현대사를 '굴절'시키고 있다. 대체 누가 친일파의 후예란 말인가.

03

민족주의와 북한문제

언어가 혼란스럽다. 마치 바벨의 도시에 사는 느낌이다. 민주당의 언어가 이해하기 힘들어졌다. 조국 사태 이후 부쩍 심해진 느낌이다. 민주당 사람들이 사용하는 언어는 이미 국민의 40퍼센트만 이해하는 '사회방언sociolect'이 된 지 오래. 나머지 60퍼센트의 국민은 벌써 그들과 정상적으로 소통하는 게 어렵다고 느낀다. 이는 민주당의 정치적 대중 소통이 일상의 영역을 떠나 이미 이념의 영역으로 들어가버렸기 때문이리라.

민주당의 사회방언

언어의 오염은 의미론의 혼란으로 시작된다. 민주당 사람들은 종종 일상의 용어를 엉뚱한 의미로 사용한다. 증거인멸을 '증거보존', 대리시험을 '오픈북'이라 부른 유시민 작가의 어법은 이미 전설이 되었다. 그런 식으로 부당 청탁은 '미담'이 되고, 장기 휴가는 '안중근 정신'이 되고, 제보자는 범죄자('단독범')로 몰렸다. 대통령 자신도 후보 시절 제 지지자들의 온라인 린치를 "재미"있는 "양념"이라 칭한 바 있다.

논리의 규칙도 파괴된다. 누군가 자식의 스펙을 조작했다면, 잘못은 그 사람에게서 찾는 게 정상이리라. 하지만 민주당 사람들의 논리는 색다르다. "이 불공평한 상황은 조국 후보자가 아니라 한국 사회의 계층구조와 입시제도가 만든 것이다." 표창장을 위조하는 것은 보통 파렴치하다 일컬어진다. 하지만 민주당 지지자들은 거기서 역추론을 한다. 고로 "엄마는 위대하다. 정경심은 위대하다."

아예 맥락을 떠난 표현이 사용되기도 한다. 후보 시절 대통령은 세월호 방명록에 이렇게 적었다. "너희들의 혼이 천만 촛불이 되었다. 미안하다. 고맙다." '미안하다'는 말은 이해가 간다. 어린 학생들을 죽음으로 몰아넣은 것은 우리 모두의 책임이기 때문이다. 그런데 '고맙다'는 말은 해석이 안 된다. 아이들의 혼이 '천만 촛불'이 된 것이 어디 고마워할 일인가. 이 말을 어떻게 이해해야 할까?

어휘·어법·맥락 모두에서 이렇게 일상언어와 차이가 나기에 국민의 대다수는 민주당의 언어를 이해하지 못한다. 대다수의 귀에 민주당 사람들의 발언은 망언 아니면 실언으로 들릴 뿐이다. 민주당의 콘크리트 지지층은 다르다. 그들은 그 망언이나 실언을 지극히 정상적인 것으로 여긴다. 결국 국민의 60퍼센트와 40퍼센트가 서로 다른 언어를 사용하는 셈. '갈라치기' 정치가 빚은 언어학적 참극이랄까.

생명을 존중하는 계몽군주?

공무원 사살 사건은 나라를 다시 바벨의 도시로 바꿔놓았다. 이번에도 민주당 사람들은 이해하기 힘든 말을 늘어놓았다. 김어준은 북한군이 사살당한 분의 시신을 불태운 것을 "화장火葬"이라 불렀다. 민주당의 이낙연 대표도 같은 표현을 사용했다. 화장은 장례의 한 형식이다. 아무리 생각해도 북한군은 사살한 시신을 소각했지 돌아가신 분께 장례를 치러드린 것 같지는 않다.

북한의 통일전선부에서 사과문을 보내온 것을 유시민 작가는 "희소식"이라며 반겼다. 과연 희생자 유가족에게도 기쁜 소식이었을까? 정세현 전 통일부 장관은 이 사건을 "전화위복의 기회로 삼자"고 했다. 한 개인이 당한 '화禍'가 어느새 온 민족이 맞은 '복福'으로 둔갑해버린 것이다. 이 비극적인 사태에서 그들은 그저 '희소식'과 '위복'만을 본다. 여기에 희생자와 그 유족에 대한 배려는 눈곱만큼도 없다.

비논리적 어법도 여전하다. 설훈 국회의원은 이 모두가 '남북 핫라인'이 없어서 벌어진 일이라고 말한다. 그럼 남북 정상 간의 친서는 대체 무슨 라인으로 오간 것일까? 안민석 국회의원은 "종전 선언이 이루어졌다면 이번에 이런 불행한 사태도 없었을 것"이라고 말한다. 대체 이 사건이 종전 선언과 무슨 관계가 있단 말일까. 중국과 북한은 어디 전쟁 상태라서 북중 국경에 월경자들을 사살하라는 지시가 내려졌는가?

맥락을 이탈한 발언도 나왔다. 유시민 작가는 김정은 국무위원장을 "계몽군주"로 추켜세웠다. 지금이 그를 칭송할 때인가? 청와대에서는 친서를 공개했다. 거기서 대통령은 "위원장님의 생명 존중 의지에 경의"를 표했다. 장성택 처형과 김정남 암살을 지시한 이에게 할 소리는 아니다. 그냥 외교적 언사로 봐준다 한들, 자국민이 사살당한 상황이 그런 문구가 든 친서를 공개하기에 적합한 맥락인가?

국가는 무엇을 위해 존재하는가

어휘도 이상하고 논법도 해괴하고 맥락도 생뚱맞다. 그들의 이상한 언어에서 우리는 악재를 호재로 바꾸려는 성급함, 북의 잘못을 슬쩍 덮어두고 넘어가려는 얄팍함, 종전 선언 카드로 레임덕을 막아보려는 다급함을 본다. 언어를 왜곡시켜가면서까지 그들이 애써 덮으려 하는 것은 물론 '바다 위의 대한민국 국민이 북한군에게 사살당한 후 불태워졌다는 사실'이다. 이 사실이 그렇게도 불편했던 모양이다.

그것으로도 모자랐는지 이제는 아예 당 차원에서 피살자를 "월북자"로 만드느라 여념이 없다. 월북을 했든 표류를 했든 그게 왜 중요한가. 설사 월북을 시사하는 정황이 있다 한들, 이 시점에 아직 확정되지도 않은 사실을 굳이 공개해 강조할 필요는 없다. 이 이해할 수 없는 행동의 동기가 무엇일까? 혹시 '대한민국이 싫어 월북한 사람까지 국가에서 지켜줄 의무는 없다'고 말하고 싶은 것은 아닐까?

남북관계를 안정적으로 관리하는 것도 물론 중요하다. 하지만 그보다 중요한 것은 국민의 생명을 지키는 일이리라. 이 두 과제가 충돌할 때 어느 것을 앞세워야 할지는 분명하다. 국가의 존재이유는 국민의 생명과 재산을 지키는 데에 있다. 그 어떤 대의도, 그 어떤 명분도, 그 어떤 과제도 국민의 생명 위에 놓일 수는 없다. 남북

관계도 실은 이 최고의 목표 아래에 포섭된 하위 가치에 불과한 것이다.

그런데 민주당 사람들의 머릿속에서는 이 두 가치의 위상이 뒤바뀌어 있다. 그들은 남북관계를 모든 가치에 선행하는 최종 목표로 간주한다. 한 개인의 생명 따위는 그들에게 그저 남북문제의 종속변수일 뿐. 그러니 자국민이 비참한 일을 당했는데도 태연히 "그게 새벽 3시에 대통령을 깨울 일은 아니"(설훈)라고 이야기할 수 있는 것이다. 이 빌어먹을 '편향'은 대체 어디서 비롯된 것일까?

수구 민족주의의 이념적 편향

임기 말 레임덕을 피하려고 두는 무리수이겠지만 아마 또 다른 배경이 있을 게다. 정권을 이끄는 586 세대의 몸속에 아직 청산되지 않은 습속으로 남아 있는 민족주의 이념이 그것이다. 민주당의 586에게 통일은 '공리'다. '모든 문제는 분단에서 비롯된다.' 이 명제를 그들은 증명 없이 참으로 받아들인다. 모든 비극의 산실인 분단은 당연히 미국과 손잡은 친일파와 그 후예들의 탓으로 여겨진다.

그들의 모든 사유는 이 공리에서 출발한다. 그래서 "종전 선언이 이루어졌다면 이번에 이런 불행한 사태도 없었을 것"이라는 말이 나오는 것이다. 이 경우 북한의 만행도 분단을 가져온 친일파의 탓이 된다. 김원웅 광복회장의 말이다. "그간 친일에 뿌리를 두고 분단에 기생해 존재해온 세력이 끊임없이 민족을 이간시키고, 외세에 동조하면서 쌓아온 불신이 이번 불행의 근본적 원인이다."

이 NL 공리는 다른 사안에도 적용된다. 조국백서(《검찰개혁과 촛불시민》)의 저자들은 이렇게 말한다.

> 사실 이 모든 사태의 시작은 대법원의 강제징용 관련 판결이었다. 식민지배의 불법성에 기초한 배상 요구가 법적으로 정리되자 친일 세력들은 들끓었고 외교가 어떠니 경제가 어떠니 하며 문재인 정부를 공격했다. 이 나라 도처에 친일 분자들이 집단적으로 서식하고 있는 현실이 적나라하게 노출된 상황이었다.

그 모두가 "한반도의 평화와 민족의 자주적 입지를 만들기 위한 민주 세력의 역사관을 무너뜨려보겠다는 자들의 반란"이라는 것이다. 가히 착란증이다. "이 공세는 이후 '정의기억연대'를 상대로 다시 되풀이된다." 윤미향 사태도 똑같이 처리되었다. 그들이 이상한 소리를 하는 것은 언어 자체가 이념적이고 세계관적이기 때문이다. 그 헛소리는 절대 논리로는 반박되지 않는다. 오직 개종만이 구원이다.

"우리 국민의 생명보다 남북관계를 우선시하는 시각은 교정되어야 한다." 정의당 심상정 대표가 모처럼 제대로 짚었다. 이제 진보도 수구 민족주의의 이념적 망상과 결별할 때가 되었다. 대한민국 정부는 통일의 수단이 아니다. 최고의 가치는 국민 개개인의 생명이고, 국가는 그것을 지키기 위해 존재한다. 그런데 대한민국은 그 일에 실패하고도 국회에서 규탄 결의안조차 제출하지 못한다. 슬픈 일이다.

제5부
선동과 공작의 정치

01

프레임 전쟁

미국의 인지언어학자 조지 레이코프의 유명한 실험. 수업시간에 그가 학생들에게 이렇게 말했다. "코끼리를 생각하지 마세요." 결과는 어땠을까? 코끼리를 떠올리지 않은 학생은 단 한 명도 없었다. 모든 낱말에는 '프레임'이 따라오기 마련. 일단 '코끼리'라는 말을 들은 이상 코끼리와 그에 결부된 연상들을 떠올리지 않을 수 없었던 것이다. "프레임을 부정해봐야 외려 그것을 환기시킬 뿐이다."

상대의 언어를 피하라

리처드 닉슨Richard Nixon 대통령은 워터게이트 사건을 해명하며 국민들에게 이렇게 말했다. "나는 사기꾼이 아닙니다." 하지만 이 말을 들은 국민들은 외려 그를 '사기꾼'의 프레임 안에서 생각하게 되었다. 우리에게도 비슷한 예가 있다. 지난 대선에서 안철수 후보는 문재인 후보에게 따져 물었다. "내가 MB 아바타입니까?" 하지만 상대의 언어를 차용함으로써 그는 상대가 뒤집어씌우려는 그 이미지에 갇혀버렸다.

올바르게 설정된 프레임으로 위기를 모면한 경우도 있다. 장인의 좌익 경력을 문제 삼자 노무현 전 대통령은 이렇게 대꾸했다. "그럼 아내를 버리란 말입니까?" 이 말로써 그는 부당한 연좌제 프레임을 깨버렸다. 강경화 외무부 장관은 남편의 해외여행이 질타를 받자 "말린다고 말려질 사람이 아니"라는 말로 국면을 전환시켰다. 아내들의 공감을 자아내며 사건을 원래 그것이 있었어야 할 맥락 속에 다시 옮겨놓은 것이다.

그릇된 프레이밍으로 사태의 본질을 의도적으로 호도하는 경우도 있다. 이 분야의 귀재는 트럼프 대통령이다. 러시아 유착 의혹이 제기되자 그는 이를 재빨리 "스파이게이트"로 명명했다. 자신을 낙선시키려고 법무부나 FBI에서 공화당 선거캠프에 스파이를 심어두었다는 것이다. 한국에도 트럼프 못지않은 프레이밍의 귀재가 있다. 민주당이다. 이 당 사람들의 프레임 전략은 여러 면에서 트럼프를 뺨친다.

김어준의 예언

레이코프는 미국의 리버럴과 좌파들에게 보수의 프레이밍에 맞서 진보의 가치를 담은 '올바른 프레임'을 설정하라고 권했다. 하지만 민주당 사람들은 이 전략을 주로 자기들의 비리를 은폐하는 데에 악용한다. 그 방식도 몇 가지 점에서 트럼프의 것보다 악질적이다. 당장 눈에 띄는 특징은 사건을 프레이밍하는 데에 '네이밍'이라는 언어학적 기법을 넘어 '예언'이라는 주술적 형식까지 동원한다는 것이다.

예를 들어 2018년 2월 말 김어준이 느닷없이 곧 미투 사건이 터질 거라고 '예언'을 한다. "첫째 섹스, 좋은 소재고 주목도가 높다. 둘째 진보적 가치가 있다. '피해자들을 준비시켜 진보 매체를 통해 등장시켜야겠다. 문재인 정부의 진보적 지지자들을 분열시킬 기회다'." 예언(?)은 적중했다. 3월 5일 JTBC가 안희정 충남도지사의 성추행 사실을, 이틀 후 《프레시안》이 정봉주 전 국회의원의 성추행 의혹을 보도한다.

물론 이는 사건이 곧 터진다는 정보를 입수하고 미리 깔아둔 밑밥에 불과하다. 대중은 예언을 적중시킨 점쟁이의 말을 더 신뢰하기 마련. 이 주술에 머리가 포맷당한 이들은 민주당 사람들의 비리 의혹을 "지지자들을 분열"시키려는 적의 공작으로 계열화하고, 그 음모(?)에 맞서 비리 인사를 적극 엄호하게 된다. 그들은 이런 식으로 위기를 모면해왔다. 예언의 은사를 입은 것은 김어준만이 아니다.

이해찬의 예감

지난 5월 이해찬 대표가 노무현 전 대통령 추도식에서 이상한 말을 했다. "노무현 재단과 민주당을 향한 검은 그림자는 좀처럼 걷히지 않았다. 많은 사람들이 모함을 받고 공작의 대상이 되었다. 지금도 그 검은 그림자는 여전히 어른거린다. 끝이 없고 참말로 징하다." 곧 재단과 관련해 뭔가 사건이 터질 텐데, 그게 다 적의 '모함'이고 '공작'이니 믿지 말라고 지지자들에게 미리 자락을 깔아둔 것이다.

그의 예감은 적중했다. 얼마 후 노무현 재단에서 일했던 직원의 폭로가 있었었다. 윤건영 국회의원이 과거 미래연(한국미래발전연구원)에서 기획실장으로 일하며 본인 명의의 차명계좌로 지자체로부터 수천만 원의 용역대금을 받았다는 것이다. 예고된 폭로의 김을 미리 빼고 사건의 해석을 적의 '모함'과 '공작'으로 계열화하려고 애먼 공익제보자를 '검은 그림자'로 둔갑시킨 것이다. 이런 일을 공당의 대표가 한다.

언젠가 유시민 작가가 검찰에서 자기 계좌를 들여다봤다고 호들갑을 떨던 일이 기억날 게다. 이 역시 지지자로 하여금 혹시 있을지도 모를 자신과 재단에 대한 검찰 수사를 특정 방향으로 해석하도록 미리 프레임을 깔아둔 것이다. 예고해두었기에 남세스러운 일이 터져도 지지자들은 혼란 없이 사건을 그가 원하는 방향으로 계열화하게 된다. '유시민 작가는 검찰의 모함으로 공작의 대상이 되었을 뿐이다.'

사실의 해석에서 제작으로

트럼프는 그래도 프레이밍을 '사후에' 한다. 여성혐오 발언을 지적받자 그는 이렇게 대꾸했다. "그 말을 딱 한 여자에게만 했다." 젠더의 의제를 '그 여자'의 문제로 바꿔놓은 것이다. 민주당은 한술

더 뜬다. 그들은 아예 예언의 형식으로 프레임을 '사전에' 깔아버린다. 더 심각한 문제는 이 프레이밍 작업을 위해 그들이 사실의 '해석'을 유도하는 차원을 넘어 아예 사실을 '제작'하려 든다는 데에 있다.

'검찰총장의 측근 한동훈 검사장이 종편(종합편성채널) 기자와 짜고 수감 중인 이철 씨를 압박해 유시민 작가의 비리를 캐려 했다.' 이 프레임을 그들은 머릿속의 해석이 아니라 아예 머리 밖의 사실로 만든다.

이를 위해 사기꾼 지 모 씨는 정치인 리스트가 있다고 기자를 속였고, MBC는 함정취재로 이 공작을 거들었다. 최강욱 국회의원은 녹취록에 없는 한동훈 검사장의 말을 지어냈고, KBS는 이 허구를 뉴스라고 내보냈다.

이른바 '검찰개혁'은 정책이 아니라 프레임의 이름이다. 그것도 한 사건이 아니라 모든 사건을 처리하는 '메타 프레임'. 그것으로 그들은 조국 사태를 덮었고, 선거 개입 수사에 제동을 걸었으며, 라임·옵티머스 수사를 맡았을 증권범죄합동수사단을 해체했다. 그 프레임 없이는 터져 나오는 비리를 감당할 수 없으니, 머릿속에 주관적 해석으로 존재하던 그것을 밖으로 꺼내 사실로 굳혀두려 한 것이리라.

프레임의 폭력

법정에서 이철 씨는 검찰 조사 중 유시민 작가에 관한 질문은 없었다고 증언했다. 그가 한동훈 검사장의 이름을 듣고 위협을 느꼈다는 3월 25일은 기자가 취재를 중단한 지 사흘 뒤였다. 애초에 실체가 없는 사건이었던 것이다. 그런데도 '검언유착'이라는 허구의 프레임 때문에 장관의 수사지휘권이 발동되고, 부장검사가 상관인 검사장을 폭행하고, 취재 윤리 위반으로 기자가 구속되는 참사가 벌어졌다.

동양대학교 총장은 정경심 교수의 결백을 증명하기 위해 학교에서 쫓겨나야 했고, 나경원 전 국회의원은 검찰의 편파성을 증명하기 위해 열세 번이나 고발당해야 했고, 당직 사병은 추미애의 무결을 증명하기 위해 범죄자('단독범')가 되어야 했다. 이 모두가 그 메타 프레임의 신성함 때문에 자행된 폭력이다. 그 매트릭스 안에서 가해자인 그들은 외려 "모함을 받고 공작의 대상"이 된 피해자로 행세한다.

그들의 뻔뻔함은 이와 관련이 있다. 그들의 사전에 사과는 없다. 스스로 잘못을 인정하는 순간 이 메타 프레임이 무너지기 때문이다. 그래서 사과 대신 공격을 하는 것이다. 조국은 언론사와 소송전을 벌이고, 윤미향의 남편은 네티즌을 무더기로 고소하고, 추미애는 "언론에 무관용 원칙으로 대응해갈 것"이라고 천명했다.

그 허구의 프레임을 현실에 사실로 등록하려는 처절한 몸부림이리라.

어느 정당이나 프레이밍을 하기 마련이다. 여당이 '검언유착'의 프레임을 깔면, 야당은 거기에 '권언유착'의 프레임으로 맞선다. 그렇다고 모든 프레임이 다 정당한 것은 아니다. 폴 라이언 미국 하원의장은 공화당 소속임에도 불구하고 스파이게이트의 "증거를 본 적이 없다"고 말했다. 제 당 대통령의 프레임이 올바르지 못함을 인정한 것이다. 이것이 프레임을 대하는 자유주의자의 태도다.

민주당은 어떤가! 당·정·청 모두 그릇된 프레임을 제작·유지·사수하는 데에 목숨을 건다. 이를 말려야 할 언론과 지식인, 시민단체들마저 이 사기극의 주연급 조연으로 활약한다. 민주당의 프레임은 관념론이 아니라 유물론이다. 그저 해석이 아니라 조작과 공작으로 제작되는 사실, 즉 대안 현실이다. 이 '작풍'은 자유주의적이지 않다. 리버럴 정당의 프레이밍 전략이 전체주의의 특성을 보인다. 해괴한 일이다.

02

범법자와 법무부의 불결한 거래

민주당 정권은 프레이밍에 능하다. 프레임을 설정하는 것 자체를 탓할 일은 아니다. 문제는 그 방식이다. 민주당에 있어서 프레임은 그저 세계를 해석하는 '인지의 틀'이 아니다. 그들의 프레임은 대안 세계를 창조하는 '제작의 틀'에 가깝다. 그들은 주어진 사실의 해석을 넘어 아예 대안적 사실을 만들어내려 한다. 이런 프레이밍 방식은 자유주의 국가에서는 찾아보기 힘들다.

부드러운 공작정치

이런 것을 '공작정치'라 부른다. 과거 공작정치는 주로 정보기관을 통해 이루어졌다. 독재정권 시절 안기부, 보안사, 대검 공안부나 경찰청 대공분실에서 조작한 수많은 사건들을 생각해보라. 지금 민주당에서 하는 공작정치는 그와는 성격이 다르다. 조작이 국가기관의 수직적 지시가 아니라 민간의 네트워크를 이용한 수평적 협업으로 이루어지기 때문이다. 연성 독재의 방식이랄까?

공작이 자꾸 반복되니 패턴이 눈에 들어온다. 먼저 사기꾼들이 갑자기 폭로를 한다. 이들에게 증언(?)을 끌어내는 것은 친여 성향 변호사들. 일단 증언이 나오면 친여 매체들이 이들 범법자들의 주장을 검증 없이 내보낸다. 이어서 여당 정치인들이 앞다투어 검찰을 성토하면, 이를 받아 법무부 장관이 수사지휘권을 발동한다. 마지막으로 표적 인물에 대한 수사나 감찰이 이루어진다.

한명숙 사건에서 폭로자 역할을 한 것은 한신건영의 한만호와 동료 수감자들, 채널A 사건에서는 VIK의 이철과 제보자 지 모 씨였다. 라임 사건에서는 스타모빌리티의 김봉현 전 회장이 폭로자로 나섰다. 하나같이 중형을 선고받았거나 중형이 예상되거나, 혹은 잡다한 사건으로 수감생활을 한 자들이다. 이들 범법자가 공익제보자로 행세하고 검찰은 졸지에 범죄집단으로 내몰린다.

이 공익제보(?)의 배후에는 늘 변호사들이 있다. 한만호 사건에서 검찰의 모해위증교사를 주장하는 이의 법률대리인은 법무법인 민본의 신장식 변호사. 민본은 민주당 민병덕 국회의원이 대표변호사로 있는 법무법인이다. 채널A 사건에서 교도소에 있는 이철과 제보자 지 모 씨를 연결시켜준 것 역시 법무법인 민본의 A 변호사. 듣자 하니 이번 김봉현 편지 사건을 담당한 이도 민변 출신이라 들었다.

대안 현실을 날조하라

이어서 방송이 움직인다. 한명숙 사건의 경우에는 뉴스타파와 MBC의 〈피디수첩〉, 채널A 사건에서는 MBC 〈피디수첩〉과 KBS 뉴스, 김봉현 사건에서는 JTBC마저 꺽쇠 달고 합류했다. 매체들이 범죄자들의 주장을 검증 없이 내보내면, 정치인들이 이를 정치적 의제로 만든다. 최강욱, 황희석, 김남국, 김용민 등 고정 멤버 외에 민주당의 돌쇠형 국회의원들이 말을 보태며 요란하게 바람을 잡는다.

그렇게 범인이 의인이고 검찰이 죄인인 대안 세계가 만들어지면, 이제 법무부 장관의 시간이다. 독일에는 사례가 없고 일본에서는 딱 한 번 발동된 수사지휘권. 그것이 몇 달 사이에 벌써 서너 차례나 발동되었다. 일본에서는 그 일로 장관이 옷을 벗고, 한국에서는 검찰총장이 옷을 벗었다. 그렇게 중대한 수사지휘권을 산책하는 강아지 똥 싸듯이 발동한 것이다. 대체 무엇을 하려고 하는 걸까?

한명숙 사건은 재심이 불가능하다. 그런데도 9년 묵은 사건을 다시 끄집어낸 것은 그 사건이 검찰총장의 측근으로 알려진 모 부장검사와 관련이 있을 게다. 채널A 사건에서 표적이 된 것 역시 윤석열 검찰총장의 측근 한동훈 검사장이었다. 이번 김봉현 사건에서는 아예 검찰총장이 표적이 되었다. 추미애 법무부 장관은 직접 감찰 운운하며 “결과에 따라 윤 총장의 해임 건의 여부를 결정할 것”이라고 밝혔다.

일국의 법무부가 검찰을 범인으로 매도하고 범법자를 의인으로 추앙한다. 이것이 대한민국 정의다. 헌정사에 기록될 만한 중대한 결정들이 범법자들의 확인되지 않은 주장에 기초해 내려졌다. 물론 범법자의 주장이라고 무조건 불신할 이유는 없다. 하지만 그들의 일방적 주장을 검증 없이 공익제보로 대접해주어서는 안 된다. 그 이면에 무슨 동기와 배후가 있는지 누가 아는가.

범법자들의 거짓증언

그들의 증언(?)을 따져보자. 한만호의 비망록은 이미 법정에 증거로 제출되었던 것이다. 한만호가 9억 원을 현금화한 사실은 확인되었다. 이를 누구에게 건넸는지 기록한 장부도 있고, 돈을 건넨 비서의 증언도 있다. 소수의견을 낸 대법관들도 3억 원이 건네진 사실은 인정했다. 이것만으로도 그의 번복된 증언은 허위로 밝혀진 셈. 검찰이 압박 수사를 했을지는 모르나 허위 증언을 강요한 것은 아니다.

한동훈 검사장 사건도 마찬가지다. "이철이 정치인 리스트를 갖고 있다"는 제보자 지 모 씨의 주장이나 "채널A 기자가 이철에게 허위 증언을 강요했다"는 최강욱 국회의원의 주장은 거짓이었다. 이철 씨는 검찰 조사에서 유시민에 관한 질문은 받은 바 없다고 증언했다. 그가 한동훈 검사장의 이름을 듣고 공포를 느꼈다고 한 날은 채널A에서 취재를 중단한 지 3일 후. 그런데 이 거짓말들을 근거로 수사지휘권이 발동되었다.

이번이라고 다를까? 얼마 전 법정에서 "강기정 전 청와대 수석에게 5000만 원을 전달했다"고 증언했던 김봉현. 갑자기 "라임 관련 여권 정치인은 단 한 명도 연루된 사실이 없다"고 말을 바꿨다. 전관 출신 A 변호사가 "여당 정치인과 강 전 수석을 잡아주면 보석으로 재판받게 해주겠다"고 해서 허위 증언을 했단다. 말이 되는가? 보석 결정은 검찰이 아니라 법원에서 하는 것인데.

라임 사건에 여권 정치인이 한 명도 연루되지 않았단다. 이 말을 믿으란다. 이미 이상호 부산 사하을 지역위원장이 8000만 원을 받은 혐의로 구속되었다. 기동민 국회의원 역시 적어도 고가의 양복을 받은 사실만은 확인되었다. 법정에서 강기정에게 5000만 원을 줬다고 한 것도, 이상호의 금품수수 사실을 언론에 제보하라고 시킨 것도 김봉현 본인이었다. 이것도 검찰의 강요였던가?

권력 비리가 검사 게이트로

김봉현이 검사들에게 술접대를 했는지는 모르겠으나, 전관 출신 A 변호사가 그들을 "추후 라임 수사팀에 합류할 검사들"이라고 소개했다는 말은 믿기 어렵다. 이게 말이 되려면 그에게 7개월 후에 꾸려질 수사팀에 누가 합류할지 내다보는 예지력이 있어야 할 게다. 검찰이 야당 인사에 대한 수사를 덮었다는 주장도 거짓이었다. 그에 대한 검찰의 수사는 벌써 마무리 단계에 있다.

그런데 이 허위 진술을 근거로 장관은 수사지휘권을 발동했다. 왜 그랬을까? 물론 검찰과 총장에게 '검사들의 비위를 알고도 덮었다'는 죄를 뒤집어씌우기 위해서다. 이 '중상모략'을 견디다 못해 결국 남부지검장이 사표를 던졌다. "정치가 검찰을 덮었다." 국감장의 여당 의원들은 검찰총장에게 옵티머스 수사를 덮었다는 엉뚱한 혐의를 뒤집어씌웠다. 마치 스탈린주의 재판을 보는 듯하다.

김봉현은 "라임 사태와 본인 및 청와대 행정관, 여권 실세들은 전혀 연관성이 없다"고 말한다. 하지만 청와대 행정관이 이미 이 사건으로 징역 4년의 형을 받았다. 게다가 그가 후배에게 보낸 문자가 남아 있다. "금감원이고 민정실이고 다 형 사람이여." 그의 말에서 '본인 및'이라는 표현에 주목하라. 자기를 무죄로 해주면 라임을 '검찰 관계자들이 연루된 사건'으로 바꿔주겠다는 이야기다.

제안은 받아들여졌다. 그의 말을 받아 법무부 장관이 바로 프레임 전환을 시도한다. 라임 사건의 본질은 "권력형 비리가 아니라 검사 게이트"라는 것이다. 그 결과 수많은 피해자를 낳고 청와대 정무수석과 행정관, 여당 국회의원과 지역위원장이 연루된 '권력형 비리'가 검사 몇 명의 술접대 사건으로 둔갑해버렸다. 청와대에서는 범법자와 법무부의 이 불결한 거래를 추인했다.

올바른 목적은 올바른 방법으로 달성되어야 한다. 그릇된 방식으로만 달성될 목표라면, 이미 목적 자체가 잘못된 것이다. 범법자들이 외치는 검찰개혁. 누구를 위한 것일까?

확실한 것은, 이 개혁의 유일한 수혜자 역시 이들 범법자 '본인 및 청와대 행정관, 여권 실세들'이 될 거라는 점이다. 범법자와 법무부의 코아비타시옹cohabitation. 남미에서나 있을 법한 일이 이 나라의 현실이 된 것이다.

문재인 대통령은 2011년 《문재인, 김인회의 검찰을 생각한다》에 이렇게 썼다. 권력 비리를 수사할 때 "청와대가 견제와 감시를 하고 검찰개혁을 강력하게 추진하면, 이것은 곧 범죄를 저지른 피의자가 수사를 방해하는 외형이 되어버린다." 맞다. 그 일이 지금 눈앞에서 벌어지고 있다.

03

망상과 공작으로 통치되는 나라

"검찰이 총선을 앞두고 여권 인사 수사로 선거에 영향을 미치려는 행위라 생각했다." 한동수 대검찰청 감찰부장은 징계위원회에 나와 이렇게 말했다. 이 증언은 헌정 사상 초유의 검찰총장 징계에서 중요한 근거가 되어주었다. 여기가 전체주의 사회인가. 국가기관에서 내리는 징계의 근거가 허구, 그것도 음모론이었다는 것은 심히 해괴한 일이다.

세 개의 거짓말로 엮은 음모론

채널A 사건은 이미 그 본질이 '검언유착'이 아니라 '권언유착' 사건으로 밝혀지고 있다. '검찰이 유시민에 대한 수사로 총선에 영향을 끼치려 한다'는 음모론은 애초에 윤석열 검찰총장을 저격하기 위해 날조한 각본에 불과했다. 그 각본은 제보자 지 모 씨, 최강욱 국회의원과 유시민 작가가 한 세 가닥의 거짓말을 엮어 만들어낸 것이다.

지 모 씨는 "이철 회장이 돈을 건넨 정치인들의 리스트를 갖고 있다"는 거짓말로 채널A 이동재 기자를 낚았다. 최강욱 국회의원은 한동훈 검사장에게 "기자를 통해 이철에게 유시민에 관한 허위 증언을 강요했다"는 누명을 뒤집어씌웠다. 유시민 작가는 대검찰청에서 제 계좌를 들여다봤다며 바람을 잡았다. MBC와 KBS는 이들의 거짓말을 사실로 둔갑시켰다.

이에 맞서 한동훈 검사장과 이동재 기자가 녹취록을 공개해버렸다. 거기서 한동훈 검사장은 기자의 질문에 "유시민에는 관심이 없다"고 잘라 말한다. 이동재 기자 역시 총선과 엮으려는 지 모 씨의 집요한 유도심문에도 정치인 명단을 넘겨받는 것은 "총선 전이든 후든 상관없다"고 잘라 말한다. 이로써 검언유착 프레임을 떠받치던 두 기둥이 무너졌다.

결국 수사심의위는 한동훈 검사장에 대한 수사를 중단하라고 권고했다. 그 후 이 사건이 외려 '권언유착'이었던 정황이 속속 드러나고 있다. 총장 징계의 기초 조사를 맡았던 이정화 검사는 "채널A 수사를 맡은 서울중앙지검에서 당시 지 모 씨와 MBC가 사전에 연락을 주고받은 증거를 확보하고도 덮었다"고 폭로하고 나섰다.

거짓이 사실을 단죄하다

문제는 이 허위가 검찰총장에 대한 공적 징계의 근거로 활용되었다는 데에 있다. 거짓이 진실을 단죄하는 황당한 사태가 벌어진 것이다. 징계위원회에 신성식 반부패강력부장이 포함된 것은 사태의 본질을 단적으로 보여준다. 그는 KBS에 한동훈 검사장을 음해하는 허위 정보를 흘린 것으로 지목된 인물. 가해자가 피해자를 징계하는 꼴이다.

처음에는 이들이 그냥 '거짓말'을 하는 줄 알았다. 울산시장 선거 개입, 라임·옵티머스 사건, 월성원전 사건 등 권력 비리에 대한 수사를 덮으려고 거짓임을 알면서도 검찰총장에게 억지 혐의를 뒤집어씌웠다고 생각한 것이다. 하지만 그동안 벌어진 일들을 종합적으로 고려해 판단하건대 사태는 그보다 훨씬 심각해 보인다.

지금 그들은 자신들이 날조한 허구를 스스로 믿는 착란에 빠져 있는 듯하다. 가령 추미애 법무부 장관은 고작 강요미수 사건에 수사지휘권을 발동했다. 허위로 밝혀질 경우 불어올 역풍을 각오하고 그 일을 강행한 것은 그 음모론을 진지하게 믿었다는 이야기다. 그는 아직도 그 망상 속에서 몸에 갑옷을 두르고 잔다르크 연기를 하고 있다.

정진웅 부장검사가 한동훈 검사장에게 플라잉 어택을 가한 것도 그의 휴대전화 안에 음모의 증거가 있다고 굳게 믿었기 때문이리라. 독직폭행으로 기소당한 그를 외려 영전을 시킨 것도, 그 휴대전화 안에 음모의 증거가 실존한다는 확신이 아니면 설명할 수 없는 일이다. 실제로 추미애 법무부 장관은 '비밀번호강제해제법'을 추진하기까지 했다.

검찰 쿠데타라는 집단 망상

이 착란은 몇몇 개인이 아니라 집단 전체의 것이다. 이성윤 서울중앙지검장은 채널A 기자의 구속영장을 신청할 때 "한동훈 검사장 외에 송경호·신봉수 차장 등도 이번 사건에 공모했을 가능성이 있다"는 의견서를 제출했단다. 법원마저 이 거짓말에 넘어가 영장을 내줬다. 음모론이 졸지에 사법적 현실이 된 것이다.

지난 8월 조국 전 법무부 장관은 제 SNS에 이런 글을 올렸다. "작년 하반기 초입 검찰 수뇌부는 4·15 총선에서 집권 여당의 패배를 예상하면서 검찰 조직이 나아갈 총 노선을 재설정했던 것으로 안다. 문재인 대통령 이름을 15회 적어놓은 울산 사건 공소장도 그 산물이다. 집권 여당의 총선 패배 후 대통령 탄핵을 위한 밑자락을 깐 것이다."

이용구 법무부 차관은 작년 어느 술자리에서 윤석열 검찰총장에게 "표창장은 강남에서 돈 몇십만 원 주고 다들 사는 건데 그걸 왜 수사했냐"며 "형이 정치하려고 국이 형(조국) 수사한 것 아니냐"고 말했단다. 윤석열 검찰총장이 대통령이 되려는 계획으로 조국을 수사했다는 것이다. '검찰 쿠데타'라는 표현이 그저 빈말이 아니었던 것이다.

'정치하지 않겠다'고 말하지 않은 것이 징계 사유가 된다는 게 정상인에게는 이해가 가지 않을 것이다. 하지만 음모론 사유를 하는 이들은 다르다. 그들에게는 "사회에 봉사할 길을 찾겠다"는 평범한 말도 위험한 정치 행동, 위협적인 출마 선언으로 들릴 수 있다. 실제로 최강욱 국회의원은 윤석열 검찰총장의 출마를 금하는 법안까지 발의했다.

망상이 현실이 된다

어쩌다 저 지경이 되었을까? 최강욱 국회의원이 자신에 대한 기소를 '검찰 쿠데타'라고 비난했을 때만 해도 그 말은 한갓 '비유'에 불과했다. 하지만 검찰의 칼이 울산시장 선거 개입 사건, 신라젠과 라임·옵티머스 사태, 월성원전 수사로까지 이어지자 그들은 '쿠데타'라는 말을 정치적 수사가 아닌 객관적 사실로 여기기 시작했다.

결정적 계기는 채널A 사건이었다. 한 기자의 일탈이 그들의 눈에는 검찰 쿠데타론의 현실성을 입증하는 결정적 단서로 보인 것이다. 손수건만 보고 아내의 불륜을 확신한 오셀로처럼 그들은 그 사건 이후 검찰이 정말 정권을 전복하려 한다고 굳게 믿게 된다. 그들은 지금도 이미 허구로 드러난 그 사건에 집착한다.

그 사건이 터지기 직전 열린민주당 황희석 최고위원은 "2019 기해년 검찰 쿠데타 세력 명단"이라며 검찰총장을 포함해 검찰 인사 14인의 이름을 공개했다. 같은 날 SNS에는 최강욱 국회의원과 찍은 사진과 함께 "이제 둘이서 작전 들어갑니다"라는 글을 올렸다. 제보자 지 모 씨는 이를 공유하며 "부숴봅시다. 윤석열 개검을!"이라고 코멘트했다.

착란에 빠져 최강욱은 녹취록에도 없는 말을 꾸며냈다. 추미애는 수사지휘권을 발동했고, 정진웅은 상관에게 몸을 날렸다. 한동수는 징계위원회에서 허무맹랑한 증언을 했고, 박은정은 한동훈 검사장의 통화기록을 불법으로 윤석열 검찰총장 사찰에 사용했다. 이 모든 미친 짓은 검찰 쿠데타설을 사실로 착각한 망상이 아니면 설명할 수 없는 현상이다.

집단적 착란상태

검찰 음모론은 원래 권력 비리 수사를 막으려고 급하게 날조한 이야기였다. 하지만 폐쇄된 집단 안에서 늘 같은 이야기를 주고받다 보면 집단 전체가 그 말을 믿게 되는 법. 자기들끼리 그 거짓말을 주고받다가 자기들이 그 거짓을 믿게 된 것이다. 대통령마저 거짓을 근거로 한 징계를 재가함으로써 그 망상을 추인해주었다.

망상은 원망願望을 현실로 둔갑시킨 것이다. 조국은 검찰 쿠데타의 개시 시점을 표창장 수사가 시작된 '작년 하반기 초입'으로 특정했다. 자신에 대한 수사가 '대통령 탄핵'을 노린 검찰 쿠데타의 일환이었다고 자기세뇌를 하는 것이다. 그동안 내세워온 정의로운 지식인의 상을 유지하려면 망상으로 들어갈 수밖에 없지 않은가.

당·정·청 전체가 그를 따라 망상으로 걸어 들어갔다. 자기들의 비리를 무시해도 좋을 '실수', 벗겨줘야 할 '누명'으로 처리하려면 '검찰=악마'라는 망상이 필요하기 때문이다. 문제는 이 망상에 대응하는 현실이 존재하지 않는다는 것. 결국 그들은 현재의 검찰을 악마화하기 위해 무려 19년 전의 검찰상을 다시 소환하게 된다.

추미애 법무부 장관이 국회에 나와 19년 전 1년간 검사생활을 한 어느 변호사의 책을 읽는 것은, 양심의 저항을 꺾고 망상을 강화하기 위한 영적 훈련이다. 그 책을 보란 듯이 읽는 것은 망상을 지키는 전선으로 결집하라고 지지자들에게 보내는 시그널이다. 어떤 거짓말에도 속아줄 준비가 된 광신적 지지자들은 그 망상을 지켜주는 혁명 무력이다.

"조국이 흘린 피를 머금고 여기까지 왔다. 노예해방도, 여성 투표권도, 식민지 조국의 독립운동도 방해하던 무리가 있었다. 먼 훗날 검찰개혁에 저항하던 세력이 있었노라고 웃으며 말할 날이 있을 것이다."(정청래) 지지자들은 망상을 수호하며 자기들이 나라를 구한다고 착각한다. 숭고한 망상 속에 단체로 실성한 것이다.

04 유시민의 파놉티콘

유시민 작가가 존 스튜어트 밀의 《자유론》을 손에 들고 유튜브 방송으로 복귀했단다. 소식을 듣고 뿜었다. 그가 몰고 다니는 '대깨문'이야말로 자유주의의 적들이 아닌가. 이견을 낸 국회의원을 핍박하고, 바른말 하는 기자들 조리돌림하고, 견해가 다른 동료 시민들 '양념' 범벅을 만드는 오소리 떼의 우두머리가 자유주의의 바이블을 "사랑한다"니, 이 무슨 변괴란 말인가.

그가 생략한 자유론의 핵심

《자유론》에는 배경이 있다. 유럽에 민주주의가 정착하면서 군주의 폭정에 대한 우려는 사라졌다. 민주주의는 자기가 자기를 통치하는 제도. 시민들이 자신에게 폭정을 할 리는 없잖은가. 하지만 그런 민주주의에도 폭정의 가능성은 남아 있다. 다수에 의한 소수의 억압. 이 새로운 폭정에 맞서 밀은 양심·표현·결사의 자유를 외치며 개인을 '주권자'로 선언했다.

민주주의가 다수의 폭정으로 흐르지 않도록 개인과 소수를 존중하라. 이것이 유시민 작가가 빼놓은 《자유론》의 배경과 핵심이다. 밀이라면 아마 의회 절대다수라고 상임위를 싹쓸이한 민주당의 행위를 비난했을 게다. 여론을 등에 업고 밤중에 신천지 본부에 쳐들어가거나 그 교주를 살인죄로 고발한 지자체장들의 포퓰리즘을 혐오했을 게다.

온 인류가 같은 견해이고 한 명만 반대 의견을 가졌다 해서 인류가 그 한 명을 침묵시키는 것은 옳지 않다. 이는 그 한 사람이 권력을 가졌다 해서 인류를 침묵시키는 게 옳지 못한 것과 마찬가지다.

이것이 밀의 자유주의 원칙이다. 그런데 지금 이 사회에서는 이 원칙이 무너지고 있다. 그것도 자유주의를 표방하는 정당의 손에. 친일파파묘법, 역사왜곡처벌법, 징벌적손해배상제, 박형순금지법 등 집권 여당에서는 일련의 반자유주의적 입법으로 공론을 제약하고 표현의 자유를 제한하며 권력분립을 훼손하고 있다. 당·정·청이 다수결 독재의 한길로 치닫는 상황에서 정권의 스피커 노릇을 하는 이가 하필 《자유론》을 들고 나왔다. 어찌 된 일일까?

자유론을 제약론으로

의문은 곧 풀렸다. "자유론상 어떤 사람의 행동이 타인의 자유를 부당하게 침해하는 지점에서는 개입이 정당하다. 집회 방치는 타인의 자유와 복리를 부당하게 침해할 가능성이 매우 높아진다는 뜻이다." 즉 광화문 차벽이 밀의 자유주의 사상에 부합한 조치였다는 이야기다. 이 이야기를 하고 싶었던 것이다. '자유론'을 '제약론'으로 써먹은 셈이다.

그가 원용한 것은 이른바 '위해의 원칙harm principle'이다. "사회 성원의 의지에 반해 행사되는 권력은 오직 그 목적이 타인에게 해를 끼치는 것을 막는 것일 때만 정당하다." 이 원칙이 정말 차별의 설치를 정당화해주는가? 그럴 리 없다. 유시민 작가의 독해는 성경에서 맘에 드는 문장을 뽑아 제멋대로 해석해 써먹는 사이비 교주의 그것에 가깝다. 그는 위해의 원칙에서 '재인산성'의 정당성을 끌어내나 정작 밀은 이렇게 말한다. "위해나 위해의 개연성이 사회의 개입을 정당화한다고 해서 그게 언제나 그런 개입을 정당화한다고 생각하면 안 된다." 즉 위해의 원칙은 제한을 위한 필요조건일 뿐 충분조건이 아니라는 이야기다. 유시민 작가가 필요한 절반만 인용하고 나머지 절반은 그냥 씹어 드신 것이다.

밀은 '위해'의 개념을 명확히 규정하지 않았다. 관심이 개인의 권리를 제약하는 쪽이 아니라 최대한 보장하는 데에 가 있었기 때문이다. 고로 위해의 원칙에서 재인산성과 같은 구체적 조치의 정당성을 도출하는 것은 무리한 해석이자 전도된 해석이다. 자유주의의 화신이 설마 그저 위해의 가능성만으로 시민의 기본권을 제한하는 데에 동의하겠는가.

다수의 폭정

밀의 사상에 부합하는 것은 집회를 허용한 우리 법원의 결정이다. "집회 자체의 개최를 원천적으로 금지하는 것은 감염 우려를 불식하기 위한 필요 최소 범위 내에서 집회의 자유를 제한하는 것이라고 보기 어려워 위법하다고 볼 소지가 작지 않다." 즉 금지 조치가 기본권 제약에 요구되는 충분조건을 갖추지 못했다는 이야기다. 이게 자유주의다.

그런데 민주당 국회의원들이 이를 원색적으로 비난한다. 판사의 이름을 딴 금지법을 만들더니, 심지어 국무총리와 법무부 장관까지 이 광란에 가세했다. 이들의 마인드가 자유주의에서 얼마나 동떨어져 있는지 알 수 있다. 독일에서도 비슷한 시기에 비슷한 집회가 열렸다. 독일의 법원 역시 이를 허용했지만, 거기에 시비를 거는 이들은 아무도 없었다.

저들이 저렇게 무리를 하는 것은 다수의 여론 때문일 게다. 당시 국민의 70퍼센트가 광화문 집회에 반대했다. 집회를 허용한 판사의 해임 청원에는 무려 20만 명이 참가했다. 광장에 차벽을 두르는 극단적 조치도 이 압도적인 여론이 있었기에 가능했을 것이다. 이렇게 정부에서 다수의 여론을 근거로 소수자의 권리를 제한하는 것은 과연 정당한 것일까? 밀은 아니라고 단언한다. 자유주의는 이런 것이다.

> **정부가 국민과 완전히 하나가 되어 국민의 동의를 받아서만 강제권을 행사한다고 하자. 하지만 스스로든 정부를 통해서든 국민에게 그런 강제권을 행사할 권리는 없다. 최악의 정부만이 아니라 최선의 정부도 그**

럴 권리는 없다. 여론을 업은 강제 역시 여론에 반하는 강제 못지않게 나쁘다. 혹은 그 이상으로 나쁘다.

공리보다 더 큰 가치

유시민은 자유론을 "사랑"한단다. 이루어질 수 없는 사랑, 불행한 짝사랑이다. 그는 밀을 벤담으로 착각했다. 재인산성을 정당화하려 했다면 밀이 아니라 차라리 공리주의자 제러미 벤담Jeremy Bentham을 원용했어야 한다. 벤담이라면 '집회를 금지당한 소수의 손실보다 코로나 방지에서 오는 다수의 이익이 더 크다'며 정부의 손을 들어줬을 테니까.

실제로 봉쇄 조치를 정당화하는 데에 민주당 사람들은 공리주의 논변을 사용했다. "집회로 인해 국가적으로 엄청난 세금이 낭비되고 있다. 경제적으로도 천문학적 비용이 수반되는 결과를 초래했다."(정세균) 유시민도 다르지 않다. 밀이 《자유론》을 쓴 것은 공리의 이름으로 개인의 권리를 무시하는 벤담의 오류를 수정하기 위해서였다.

밀에게는 공리보다 더 중요한 가치가 있다. 인격과 인류 번영이 그것이다. 이렇게 공리를 넘어선 도덕적 이상을 주장하는 것은 "벤담의 원칙을 포기한 것으로 볼 수 있다".(마이클 샌델Michael

Sandel) 인격과 인류의 번영을 위해 양보할 수 없는 가치가 바로 사상·표현·결사의 자유다. 밀은 공리의 이름으로 이들 가치를 제한하는 것이 사회에 이익보다 해를 끼친다고 본다.

예를 들어보자. 추미애 법무부 장관은 휴대전화 '비밀번호강제해제법'을 추진하겠다고 한다. 당장은 수사에 도움이 될지는 모르겠다. 하지만 일단 허용되면 오용은 시간문제. 고작 '강요미수' 사건 때문에 휴대전화를 까야 한다면, 그보다 중요한 사건들은 말할 필요도 없다. 결국 언젠가는 온 국민이 국가의 요구에 알몸을 보여줄 처지가 될 게다.

유시민의 파놉티콘

나라가 벤담이 말한 파놉티콘으로 변해갈 모양이다. 이 원형감옥에서 간수는 모든 죄수를 감시하나, 죄수들은 간수를 볼 수가 없다. 지금 권력은 검찰청과 감사원을 두드려대고 있다. 자신들은 들여다보지 말라는 이야기다. 어둠 속에서 웅크린 두 눈으로 국민의 삶은 투명하게 들여다보고 싶어 한다. 시선은 권력이다. 이 시선의 일방성은 민주주의의 부정이다.

테러 방지보다 개인의 '자유'를 앞세웠던 그들이 고작 한 사람을 잡으려고 비밀번호를 강제해제하려 한다. 그때 했던 필리버스터도 가짜, 한갓 전술이었던 게다. 지도자의 성역화, 지지자들의 폭도화, 둘의 결합 속에 거수기로 변한 의원들, 시민의 자유를 제한하는 법안들, 선동과 세뇌와 공작정치. 민주당은 자유주의 정당이 아니다.

유시민 작가가 이를 반성하려고 《자유론》을 들고 나온 것은 아니리라. 상한 고기 위에 칠하는 선홍색 물감이랄까? 변질된 정체성을 가리고 민주당에 자유주의의 외양을 덧씌우고 싶었을 게다. 거짓말로 지지자들을 선동해 방송사 법조팀을 날려버린 그이지만, 고양이라 생각한 개처럼 그에게는 자신이 여전히 자유주의자라는 착각이 필요한 모양이다.

유시민 작가는 '어용지식인'을 자처한다. 실제로 그는 '어용'에 필요한 모든 재능을 타고났다. 도덕의 당파성, 지식의 피상성, 언변의 궤변성. 밀을 재인산성의 옹호자로 둔갑시키는 솜씨라면, 히틀러나 스탈린도 위대한 자유주의 사상가로 바꿔놓고도 남을 게다. 과연 탁월한 '어용지식인'이다. 보았는가. 어용질, 이렇게 하는 거다.

05

선동정치에 발목 잡힌 민주당

서울시장 출마를 선언한 두 정치인 사이에 논쟁이 붙었다. 논란의 대상이 된 것은 교통방송의 김어준. 금태섭 전 국회의원이 "편향성이 극렬하고 다양하게 나타나면서 너무나 큰 해악을 끼치고 있다"고 그를 비판하자, 우상호 국회의원이 "종편방송 진행자 혹은 패널들이 훨씬 더 편파적"이라며 그를 옹호하고 나섰다.

방송인이 아닌 프로파간디스트

흥미로운 것은 우상호 국회의원이 김어준을 가리켜 "성향은 드러내되 사실관계에 기초한다는 철학이 분명한 방송인"이라 부른 것이다. 이 음모론의 대명사가 '사실관계에 기초한다는 철학'을 가졌다는 소리는 우리 귀에 해괴하게만 들린다. 우리 의원님은 허구가 '사실관계'로 통하는 대안 현실에 사시는 모양이다.

김어준의 문제는 공중파를 사용해 사실관계를 왜곡한다는 데에 있다. 조국 사태 당시에 〈김어준의 뉴스공장〉은 조국 교수의 딸, 동양대학교 장 모 교수, 입시업자 김 모 씨의 인터뷰를 내보냈다. 그 인터뷰들을 통해 조민이 실제로 봉사활동을 하고 진짜 표창장을 받아 학교에 "정상적으로 진학"한 가상현실이 지어졌다.

법원의 판결로 보도가 허위로 밝혀져도 그는 정정도, 사과도 하지 않는다. 우상호 국회의원 말대로 그가 '방송인'이라면 진즉에 퇴출당했을 게다. 그 짓을 하고도 여전히 마이크를 잡는다는 것은 이 정권에서 그의 위상이 단순한 '방송인' 이상임을 뜻한다. 한마디로 그는 정권을 지탱하는 대표적 프로파간디스트propagandist다.

김어준이 한 것은 '오보'가 아니다. 오보는 의도되지 않은 허위다. 오보에는 '정정'이 따르고, 청취자는 머릿속으로 그릇된 정보를 지우기 마련이다. 프로파간다는 다르다. 애초에 의도된 허위이기에 절대 교정되지 않는다. 그래서 김어준은 사과하지 않고, 대깨문은 계속 정경심 교수의 결백을 믿는 것이다.

프로파간다란 무엇인가

'프로파간다propaganda'에는 긍정적인 것에서 부정적인 것까지 다양한 정의가 존재한다. 하지만 자유주의 국가에서 이 용어는 대체로 부정적 뉘앙스를 띤다. 그 말을 긍정적인 의미로 사용하는 부류들은 주로 레닌이나 괴벨스 같은 전체주의자들이다. 그래서 프로파간다의 사용 여부는 한 정치집단의 성향을 가늠하는 지표가 된다.

해롤드 라스웰Harold Dwight Lasswell에 따르면 프로파간다란 "환경의 다른 조건들을 바꾸지 않고 사회적 암시의 직접적 조작으로 견해와 태도를 관리하는 것"이다. 예를 들어 김어준이 '냄새가 난다'는 말을 자주 사용할 때, 그는 사회적 암시를 조작해 그 어떤 악재에도 흔들리지 않도록 지지자를 관리하고 있는 것이다.

프로파간다의 목적은 상황 자체가 아니라 상황에 대한 사람들의 '견해와 태도'를 관리하는 데에 있다. 프로파간다로 법원의 판결을 되돌릴 수는 없다. 하지만 지지자들의 '견해와 태도'를 전과 동일한 상태로 관리한다면, 지지는 유지된다. 이렇게 대중을 관념론자로 바꿔놓는 게 프로파간다의 본질이다.

권력은 김어준·유시민 같은 선동가들이 '콘크리트 지지층'의 창출과 유지에 필요한 존재임을 잘 안다. 게다가 40퍼센트에 이르는 그 콘크리트는 동시에 청취율을 떠받치는 열광적인 애청자이기도 하다. 결국 권력과 자본의 공통의 이해가 이들 선동가의 활약에 이중의 보호막을 제공하는 셈이다.

프로파간다는 인성을 파괴한다

예나 지금이나 프로파간다는 "대중의 심리적 조작으로 권력을 획득하고 대중의 지지로 그 권력을 유지하는 수단"(자크 엘륄Jacques Ellul)이다. 이를 정치적 커뮤니케이션 방식으로 취함으로써 민주당은 '참여'의 의미를 왜곡시켰다. 그 결과 노무현의 '깨어 있는 시민'은 여기저기 '양념'이나 치고 다니는 '대깨문'이 되었다.

최근 유시민이 손에 책을 들고 다시 나타난 것은 시민에게 교양을 제공하려는 게 아니다. 프로파간다는 "어떤 분쟁에서 한쪽 편만을 들게 만들려는 시도"로, 애초에 "지식의 확산이 아니라 모종의 당파적 감정"(버트런드 러셀Bertrand Russell)을 조장할 목적으로 행해진다. 그 점에서 일반교육과 뚜렷이 구별된다.

프로파간다는 대중의 "인성에 영향을 끼쳐 비과학적이거나 의심스러운 가치로 여겨지는 목표를 추구하게 만든다".(레너드 두브Leonard William Doob) 거기에 노출된 이들은 맹목적인 진영 논리에 갇혀 제 편의 범법을 변호하기 위해 비논리적 궤변을 사용하고, 다른 편을 악마화하기 위해 비합리적 음모론을 수용하게 된다.

프로파간다의 폭격을 받은 이들은 종국에 로고스(이성)와 에토스(윤리)를 상실하게 된다. 인격 자체가 말살되는 것이다. 진정으로 우려할 것은 프로파간다가 개인의 인성에 끼치는 이 장기적 폐해다. 대깨문을 이해하자. 그들도 피해자다. 그들의 몸은 〈나는 꼼수다〉 이래 10년 넘게 프로파간다의 마사지를 받아왔다.

선포로서의 진리

프로파간다는 현실감을 잃게 만든다. 그 어떤 과학적 증거도 창조론 신앙을 무너뜨릴 수 없듯이 그 어떤 세속의 사실도 프로파간다로 빚은 신념을 깨뜨릴 수는 없다. 프로파간다는 '선포'의 진리라 증명을 요하지 않는다. 피해자들은 외려 그 선포된 진리에 맞춰 사실을 왜곡하고 증거를 조작하려 든다.

그 진리가 현실에서 반박당한다면 그것은 세상이 사악한 것이다. 법원에서 정경심 교수에게 유죄를 선고하고 윤석열 검찰총장의 신청을 인용해도, 그것은 사법부의 사악함을 입증하는 증거로 처리된다. 그릇된 믿음을 교정하는 대신에 그들은 자기들끼리 그 믿음을 재확인하고 강화하기 위해 재판부 탄핵운동을 벌인다.

법원에서 검찰총장 징계의 효력을 정지시키자 민주당 이낙연 대표는 "대한민국이 사법의 과잉 지배를 받고 있다. 사법의 정치화가 위험 수위를 넘었다"고 말했다. 김두관 국회의원은 그 판결을 아예 "사법 쿠데타"로 규정하고 나섰다. 프로파간다가 빚어낸 망상이 지지층을 넘어 집권당마저 집어삼킨 것이다.

민주당은 프로파간다로 절대 흔들리지 않는 콘크리트 지지층을 구축했다. 하지만 지금은 그 콘크리트에 발목이 잡혀버렸다. 1월 초 국정 지지율 34퍼센트. 중도층이 모두 떠났다는 이야기다. 그래도 그들은 프로파간다 정치를 포기할 수 없다. 그 콘크리트라도 없으면 정권이 무너질 상황이기 때문이다.

콘크리트 지지층의 덫

이낙연 민주당 대표가 사면론을 꺼냈다. 청와대와 교감을 거쳤을 것이다. 하지만 통합의 메시지로 중도층을 끌어안으려는 이 시도는 민주당 열성 지지층의 격렬한 반발로 무산되고 말았다. 오랜 프로파간다의 세례로 지지층의 머리가 이 정도의 정치적 유연성도 허용하지 못할 만큼 굳어버린 것이다.

중도층을 끌어안으려면 선동정치를 버리고 의회정치를 회복해야 한다. 그러려면 오랜 관행대로 여당은 법사위장을 야당에 돌려줘야 한다. 하지만 이는 민주당에서 꿈도 꿀 수 없는 일이다. 그들의 다수결 독재는 실은 콘크리트 지지층의 요구와 주문에 따른 것이다. 여당의 독주를 지지층은 180석을 준 '국민의 명령'으로 이해한다.

극렬 지지층을 겨냥한 이 선동이 합리적 중도층에 먹힐 리 없다. 중도층에 어필하려면 프로파간다를 포기해야 하는데, 그 경우 들어 살 '세계'를 잃게 될 대깨문의 극렬한 저항을 받게 된다. 그래서 이러지도 저러지도 못하는 것이 민주당의 딜레마. 그게 다 정치적 커뮤니케이션을 프로파간다로 때워온 업보다.

왜 저럴까? 위기를 관리하는 데에 자기들에게 익숙한 운동권 프레임을 동원하기 때문이다. 즉 자신들을 감시하고 수사하고 심판하는 기관들을 '쿠데타' 세력으로 몰아붙임으로써 기득권의 욕망을 숭고한 민주화 투쟁으로 포장하고, 대중의 머리에 자신들이 결백하다는 환상을 심어주려는 것이다.

새로운 프로파간다 캠페인

과거의 군부독재 자리에 놓인 것은 검찰과 사법부. 둘의 공통점이라곤 고작 '선출되지 않았다'는 것뿐. 이것만으로는 부족했나보다. 지지층의 머리에 '검찰·사법부=쿠데타 세력'이라는 등식을 심기 위해 엉뚱하게 다른 나라 이야기를 가져온다. 이 새로운 캠페인에는 이재명 경기도지사까지 가세했다.

그는 〈위기의 민주주의: 룰라에서 탄핵까지〉라는 다큐멘터리 영화를 소개한다. "브라질의 재벌, 검찰, 사법, 언론 기득권 카르텔이 어떻게 민주주의를 파괴하고 극우 정권을 세웠는지 추적하는 다큐멘터리입니다." 이 영화에서 "기시감"을 느꼈단다. 정치적 망상을 현실로 둔갑시키려고 영화까지 동원한 것이다.

차기 주자마저 이 짓을 하니 그 당은 앞으로도 희망이 없어 보인다. 한 가지는 확실하다. 오직 프로파간다로만 창출되고 유지되는 권력이라면, 그 정권은 국가와 사회를 위해 되도록 빨리 무너지는 것이 좋다. 선동의 정치, 국민은 피곤하다.

06

김어준은 왜 사과를 안 하는가

"요즘 나는 눈이 나빠서 책을 못 봐. 대신 유튜브를 봐. 김어준이 하는 유튜브는 다 봤어. 김어준이 민주당을 위해서 큰일을 하는 거야." 이해찬 씨가 민주당 대표 시절 금태섭 전 의원에게 했다는 말이다. 이 말 속에 지금 민주당의 모든 문제가 압축되어 있다. 즉 공당에서 매번 음모론을 근거로 정치적 결정을 내린다는 것.

이 나라의 정신적 대통령

당대표부터 이러니 의원들은 말할 것도 없다. 중요한 일이 생기면 김어준부터 찾아가 상의를 한다. 다들 김어준의 방송에 못 나가서 안달이 났다. 그의 성은(?)을 입어야 지지자들 사이에서 존재감이 생기기 때문이다. 이 나라에서는 대통령이 제구실을 못하는 사이 사실상 김어준과 유시민이 정신적 대통령 노릇을 해왔다.

이들이 퍼뜨린 각종 음모론은 속속 무너져내리고 있다. 정경심 교수는 유죄 판결을 받았다. 채널A 수사팀은 한동훈 검사장을 무혐의 처분한단다. 검찰총장에 대한 법무부의 징계는 효력이 정지되었다. 법원은 박원순 시장의 성추행 사실을 인정했다. 유시민 작가는 금융기관으로부터 계좌 추적 통보를 받지 못했다.

결국 유시민 작가는 사과했다. "대립하는 상대방을 '악마화'했고 공직자인 검사들의 말을 전적으로 불신했습니다." 항소이유서로 젊은이들의 심금을 울리던 그 솜씨 그대로다. 나도 그를 거의 용서할 뻔했다. 그는 "어떤 형태의 책임 추궁"도 받아들이겠다고 하나, 그 '형태' 안에 형사처벌은 포함되지 않은 듯하다.

그는 제 거짓말을 "정서적 적대감"과 "논리적 확증편향"의 소치로 돌린다. 공작이 아닌 실수라는 이야기다. 사과의 수취인도 "검찰의 모든 관계자"다. 결국 한동훈이라는 특정인을 겨냥한 게 아니었다는 뜻이리라. 그의 사과문은 이렇게 '위법성 조각 사유'를 마련해두는 데에 초점이 맞춰져 있다.

정치신학, 선포의 진리

유시민은 사과라도 하나 김어준은 절대 사과하지 않는다. 왜? 애초 게임의 성격이 다르기 때문이다. 유시민이 하는 것은 '인식론적' 진리 게임. 가령 'X는 세월호다'라는 명제가 있다고 하자. 이 명제는 X가 세월호이면 참, 아니면 거짓이 된다. 이 게임에는 검증이 따르기에 오류를 인정하고 사과하는 '형식'이 필요했던 것이다.

반면 김어준이 하는 것은 '존재론적' 진리 게임이다. 그의 진리는 선포kerygma의 진리, 뭔가를 비로소 존재하게 하는 그런 진리다. 가령 진수식에서 "이 배를 '세월호'라 명명한다"고 하자. 이 말과 함께 그 배는 그냥 '세월호'가 된다. 이런 유형의 게임에는 거짓이 있을 수 없다. 다만 세우다 실패한 진리가 있을 뿐이다.

신부님이 빵 조각을 들고 '그리스도의 몸'이라고 하면 빵이 정말 성체가 된다. 마찬가지로 김어준이 '냄새가 난다'고 하면 허구는 사실이 되고, 음모는 현실이 된다. 그렇게 표창장은 진짜가 되고, 검언유착과 검찰 쿠데타는 현실이 되었다. 이 마술이 얼마나 신통한지 전직 대통령 비서실장까지 그 주문을 따라 외우고 다닌다.

김어준은 토론이나 논쟁을 하지 않는다. 어차피 그가 하는 것은 진위를 가리는 게임이 아니기 때문이다. 그의 역할은 교주의 그것과 비슷하다. 사이비 교단 안에서 교주는 신의 노릇을 한다. 신이 어디 인간과 논쟁하던가. 신이 '빛이 있으라'고 하면 빛이 생기듯이 김어준이 '냄새가 난다'고 하면 정말 음모가 존재하게 된다.

한국의 라스푸틴

당대표가 책 대신에 그의 유튜브를 보고, 국회의원들이 중요한 일을 그와 상의한다. 마치 제정 러시아 말기 황제 부처가 괴승 라스푸틴Rasputin에게 국정의 자문을 받는 장면을 보는 듯하다. 김어준이 '무학의 통찰'로 "민주당을 위해 큰일을 한" 것처럼 무학의 승려도 혈우병 황태자의 피를 멈추는 '영빨'로 궁정에서 귀한 대접을 받았다.

하지만 교주의 영향력은 교단 내로 한정된다. 김어준도 신도 집단의 밖에서는 그저 흔한 음모론자들 중 하나일 뿐이다. 그의 황당한 상상력에 '개연성'과 '진지함'을 보태주는 것이 바로 그동안 유시민이 해온 역할이다. 음모론자의 입에서 나온 괴담도 (설사 '어용'이라도) 지식인의 입을 거치면 신뢰도가 달라진다.

유시민은 맹신적 지지자들에 한정된 김어준의 영향력을 나름 합리적이라 자부하는 층에까지 확대하는 노릇을 해왔다. 김어준이 음모론으로 하나의 세계를 지으면, 유시민은 지식인으로서 그 허구에 논리적 정합성의 외관을 덧씌운다. 합리화할 수 없는 것을 합리화하려다 보니 당연히 억지와 궤변이 동원될 수밖에.

두 사람의 콜라보는 민주당 지지층의 지적·도덕적 수준을 급격히 끌어내렸다. '대깨문'은 이미 이성적 소통의 능력을 잃었다. 윤리의식도 망가졌다. 박원순 성추행 사건 때 2차 가해를 한 것이 바로 그들. 김민웅 교수는 피해자의 편지를 공개해 그를 모욕했고, 한 친문 단체는 아예 피해자를 '박원순 살인죄'로 고발하고 나섰다.

법리와 유가족의 심정 사이의 괴리

김어준의 거짓말 중 가장 심각한 것은 세월호 음모론이다. 그 폐해가 아직 진행 중이기 때문이다. 최근 검찰 특별수사단에서 AIS 항적 조작, 기무사 및 국정원 사찰 등 대부분의 의혹에 '무혐의' 처분을 내렸다. 좌절한 유가족들은 크게 반발하고 나섰다. "세월호 진상규명에 무능하고 무책임한 문재인 정부 규탄한다."

무슨 진상을 더 규명해야 할까? 배를 인양해 샅샅이 뒤졌다. 아이들의 혼을 촛불 삼은 정권이 들어섰다. 이제까지 여덟 차례 수사가 이루어졌다. 대통령은 탄핵당했고, 선장은 종신형을 선고받았으며, 청와대 인사 아홉 명과 해경지휘부 열한 명이 기소되었다. 민간인 사찰 의혹으로 조사받던 기무사령관이 스스로 목숨을 끊는 일까지 벌어졌다.

특수단장은 어떤 '괴리'를 언급한다. "유가족이 기대하는 결과에 미치지 못해 실망할 것이라는 생각도 했다. 그렇지만 법률가로서 되지 않는 사건을 억지로 만들 수는 없고 법과 원칙에 따라 할 수밖에 없었다." 유가족의 기대와 법률가의 원칙. 그 어떤 수사로도 둘의 괴리를 메꿀 수 없을 것이다. 예정된 특검도 다르지 않다.

유가족은 그냥 상황 자체를 인정할 수 없는 것이다. 그 어느 해명이 부모에게 자식이 희생된 상황을 마음으로 받아들이게 할 수 있겠는가. 이 사회는 유가족의 영혼을 살피는 데에 실패했다. 한쪽은 이 사건을 '악재'로 관리하고, 다른 쪽은 '호재'로 이용하는 가운데 정작 유가족의 끔찍한 트라우마는 그대로 방치된 것이다.

세월호 고의 침몰설

그 외상을 더 깊게 만든 것이 바로 김어준이 유포한 세월호 음모론이다. 그는 제 개인방송을 통해 줄기차게 세월호 고의 침몰설을 주장해왔다. 그가 제작한 다큐멘터리 영화 〈그날, 바다〉는 50만 명의 관객을 동원했다. 그 결과 고의 침몰설이 적어도 특정 집단 안에서는 공인된 사실로, 하나의 대안적 현실로 확고히 자리를 잡아버렸다.

고의 침몰설이 의심을 넘어 확신에 근접하면 당연히 거기에 어긋나는 결론은 심리적으로 수용할 수 없게 된다. 그래서 확신을 입증해주는 결과가 나올 때까지 수사는 종결될 수가 없는 것이다. 문제는 이것이 외려 유가족의 외상을 덧나게 하고 그들의 고통을 무한히 연장시킨다는 것이다. 세월호 사건이 어디 음모론으로 장난칠 대상이던가?

김어준은 세월호를 음모론적 상상력의 소재로 삼았고 그것을 사업 아이템으로 바꿔놓았다. 유가족의 절박한 심정과 대중의 집단적 외상을 돈을 버는 데에 이용한 것이다. 그로 인해 발생할 사회적 비용보다 더 큰 문제는 수사가 성과 없이 끝날 때마다 유가족이 새로 끌어안게 될 좌절감과 분노감이다. 이는 또 어쩔 것인가.

음모론은 '원인'을 '범인'으로 의인화함으로써 문제의 진정한 해결을 가로막는다. 그들은 세월호를 고의로 침몰시킨 범인을 색출하려 한다. 그러는 사이에 침몰의 원인은 아직 고스란히 남아 있다. 생명을 이윤으로 바꾸는 관행. 이 순간에도 사람들은 일터에서 죽어간다. 육지의 세월호를 막아줄 중대재해처벌법은 누더기가 되었다.

세월호로 그는 돈을 벌었다. 누구는 배지를 달았고, 누구는 아이들 영혼을 천만 촛불로 바꿔 권좌에 올랐다. 그들은 뜻을 이루었고, 그 대가로 유가족들의 고통은 연장되었다. 그래도 김어준은 사과하지 않는다. 음모론자들은 남을 속이기 전에 그 거짓말이 확인되는 사실보다 더 깊고 더 참된 진실이라고 자기 세뇌부터 하기 때문이다.

07

김어준 없는 아침이 두려운 사람들

"김어준, 그가 없는 아침이 두려우십니까? 이 공포를 이기는 힘은 우리의 투표입니다. 오직 박영선! 박영선입니다." 민주당 송영길 의원이 SNS에 올린 글이다. 왜 그들은 김어준 없는 아침을 '공포'라 부르는 걸까? 어쩌다가 서울시장이 고작 김어준의 밥그릇이나 지켜주는 자리로 전락했을까?

민주당의 프로파간다 머신

지난 2011년 김어준은 서울시장 보궐선거에 출마한 안철수·박원순 후보에게 "시장 되면 저에게 교통방송을 달라"고 농을 했단다. 이 '농담'은 5년 뒤인 2016년 정말 현실이 되었다. 그렇게 시작된 〈김어준의 뉴스공장〉은 제4기 방송통신심의위원회(이하 '방심위')에서 가장 많은 제재를 받은 프로그램이 되었다.

TBS의 총예산 505억 원 중 77퍼센트는 서울시가 부담한다. 서울시에선 2019년 라디오 홍보 예산의 43퍼센트를 〈김어준의 뉴스공장〉에 배정했다. 국민권익위원회는 작년 라디오 광고의 47퍼센트를 TBS에 주었다. 경기도 교육청은 최근 3년간 라디오 홍보비의 54퍼센트, 서울시 교육청은 42퍼센트를 〈김어준의 뉴스공장〉에 집행했다고 한다. 〈김어준의 뉴스공장〉이 받은 여섯 차례의 제재는 사유가 모두 '객관성 위반'. 그동안 노골적으로 당파성·편파성을 추구해왔다는 이야기다. 이렇게 정부와 지자체와 교육청이 손을 맞잡고 민주당의 프로파간다 머신을 지원해왔다. 전파든 세금이든 공공재를 이렇게 사유화해도 되는가?

선동으로 마비된 정당 기능

이해찬 민주당 전 대표는 그의 당파성을 공공연히 찬양한다. “김어준이 민주당을 위해 큰일을 한다.” 과거 언론인의 표상은 손석희였으나, 지금 그들의 영웅은 김어준. 그 동네의 지적·도덕적 수준이 바닥으로 떨어진 것이다. 지금 민주당의 위기는 이 커뮤니케이션의 왜곡에서 비롯되었다. “요즘 나는 눈이 나빠서 책을 못 봐. 대신 유튜브를 봐. 김어준이 하는 유튜브는 다 봤어.”(이해찬) 집권 여당의 대표가 책은 안 읽고 음모론 유튜브나 보고 있다. 대표가 이 지경이니, 의원들은 말해 무엇 하겠는가. 다들 〈김어준의 뉴스공장〉에 출연해 김어준의 ‘세례’를 받으려 안달이 났단다.

정상적인 정당이라면 대중의 흥분을 차가운 이성으로 거르고, 그들의 거친 언사를 정제된 언어로 정식화해야 한다. 하지만 민주당의 586 실세는 김어준의 선동 방송을 통해 대중을 늘 정치적 흥분상태로 몰아넣고는 그들의 분노를 당의 안팎에서 헤게모니를 구축하는 데에 활용해왔다.

민주당의 위기는 구조적인 것이다. 이해찬 대표 아래 민주당은 ‘권리당원’ 제도로 김어준에게 세뇌당한 극성분자들 중심으로 정비되었다. 이들이 당 내의 이견자를 배척하고 당 밖의 비판자를 핍박하니 피드백 시스템이 마비될 수밖에. 그 결과 진보와 중도의 합리적 계층이 떠나버린 것이다.

정보를 움직이는 음모론

김어준은 음모론의 대명사로 통한다. 천안함 좌초설, 개표 조작설, 세월호 고의 침몰설 등 그동안 그는 크고 작은 수많은 음모론으로 대중을 현혹해왔고, 정부와 청와대에서는 그것을 통치에 적절히 활용해왔다. 그 결과 당·정·청과 지지자 모두 '음모론적 사유'에 사로잡혀버린 것이다.

얼빠진 음모론 교주의 특이한 사고방식이 아예 국정마저 집어삼켰다. 검찰개혁에 이론적(?) 배경을 제공한 것은 '검찰 쿠데타' 음모론. 채널A 사건과 한명숙 사건에서 수사지휘권 발동의 근거가 된 것 역시 음모론이었다. 이는 검찰총장이 임기를 못 마치고 사퇴하는 불행한 사태로 이어졌다.

김어준은 특유의 음모론 모드로 박원순 성추행 피해자를 공격했다. 기자회견의 배후에 정치적 배경이 있다는 투다. 박영선 후보가 2차 가해자들을 캠프의 전면에 내세운 것도 다 이런 분위기에서 가능한 일이다. 음모론은 이렇게 시민의 로고스(이성)를 마비시키고 사회의 에토스(윤리)를 파괴한다.

보다 못한 윤석열 전 검찰총장이 입을 뗐다. 그는 "권력형 성범죄 때문에 선거를 다시 치르게 되었는데도 선거 과정에서 2차 가해까지 계속되고 있다"며, 무너진 로고스(상식)와 에토스(정의)의 회복을 촉구하고 나섰다. 윤석열 전 검찰총장은 "시민들의 투표가 상식과 정의를 되찾는 반격의 출발점이 될 것이다. 투표하면 바뀐다"라고 말했다.

무학의 통찰

김어준에 대한 신뢰는 그에게 어떤 신비한 인식 능력이 있다는 생각에서 나온다. 그 자신은 그걸 "무학의 통찰"이라 부른다. 무학에서 통찰이 나올 리는 없고, 그 통찰이란 게 실은 점쟁이의 영험함 같은 것이다. 음모론을 남발하다가 그중 몇 개만 맞히면 대중은 오직 그것만 기억하는 법.

계속 틀리던 예언이 어쩌다 적중하면 그 신비한 인식 능력에 대한 대중의 신심은 깊어진다. 그는 자신에 대한 대중의 믿음이 논리적이 아니라 종교적 성격의 것임을 안다. 그래서 제 말이 거짓으로 드러나도 사과하지 않는 것이다. 사과는 교주의 무오류에 대한 신앙을 깨기 때문이다.

지성과 지식인을 불신하는 반反지성주의는 선동가들의 공통된 특성이다. 그들은 이성에 대한 열정의 우위, 논리에 대한 직관의 우위, 사유에 대한 행동의 우위를 믿는다. 지식인은 현실에 논평이나 하며 대중에게 잘난 척이나 하지만, 자신들은 대중과 더불어 현실을 창조하는 존재라는 것이다.

반지성주의는 대중을 지성계로부터 차단한다. 대중은 우중愚衆이 된다. 이를 제지해야 할 지식인들마저 거기에 굴복해버렸다. 이 나라의 대표적 '어용지식인'은 김어준을 "천재"라 추켜세웠다. 그러니 합리적 담론 대신에 선전선동이 공론장을 점령할 수밖에. 하지만 그게 오래 가겠는가?

선전으로 형성된 강철대오

지금 4~50대는 여론의 '섬'이 되었다. 이들은 대학시절에 접한 운동권식 사고와 어법에 친숙하다. 반면 운동권 문화를 모르는 2~30대는 다른 정치 성향을 보인다. 박영선 후보는 그런 그들의 부족한 역사의식을 탓한다. "20대는 과거의 역사에 대해 40대와 50대보다 경험치가 낮지 않나."

상징적으로 말하면 지금 민주당을 지탱하는 것은 '전대협(전국대학생대표자협의회) · 한총련(한국대학총학생회연합) 세대의 연합'이다. 그중 40대는 거의 10년 동안 김어준에게 뇌를 폭격당해왔다. 이 마지막 보루가 무너지면 정권은 레임덕에 빠지고, 정권 재창출도 어려워진다. 그래서 김어준 없는 아침이 그들에게는 '공포'로 느껴지는 것이다.

세뇌는 무서운 것이다. 나치 시절 독일인들은 각 가정에 설치된 라디오를 통해 하루 종일 선전 방송을 들으며 살았다. 그 효과가 얼마나 집요했던지, 훗날 연합군 전략기획국에서 "독일의 저항 의지를 꺾은 것은 그들의 군사력이 아니라 그들의 선전기구를 무력화했을 때"라고 평가할 정도였다.

급했나보다. 상왕이 돌아왔다. 이해찬 전 대표가 제일 먼저 찾은 것도 김어준. 그의 방송에서 이렇게 말했다. "선거가 어려울 줄 알았는데 거의 이긴 것 같다." 패망의 순간까지 세뇌된 독일인들은 전세를 역전시킬 '기적의 무기Wunderwaffe'를 믿었다. 민주당의 기적의 무기는 '샤이 진보'다.

김어준을 어찌할 것인가

순수 공익의 관점에서 그의 방송은 퇴출되어 마땅하다. 자정은 불가능하고, 방심위 자체가 편파적이라 왜곡·편파 보도에 대한 규제도 기대하기 어렵기 때문이다. 하지만 민주주의 사회에서는 그저 옳다고 모든 일을 할 수 있는 것은 아니다. 강제 퇴출은 보기에도 안 좋고, 나쁜 선례가 될 수 있다.

순수 정략의 관점에선 그를 내버려두는 게 좋다. 당·정·청과 지지층을 초토화시켜 민주당을 위기로 몰아넣는 데에 결정적 역할을 한 게 그다. 대선 앞두고 그가 말아먹을 게 아직 많이 남아 있다. 그는 민주당의 엑스맨, 아니 엑스슈퍼맨이다. 더 좋은 것은 민주당에선 이를 모른다는 것이다.

민주당에서 사과를 한다. "정책도 정책이지만 더 심각한 것은 우리 정부, 여당의 잘못된 자세였다." 네거티브를 해도 지지율이 안 오르나보다. 민주당은 반성과 자성이 구조적으로 불가능하다. 그러니 민주당의 말을 믿지 말고 조국 전 법무부 장관의 말을 들으라. "파리가 앞발을 싹싹 비빌 때 이놈이 사과한다고 착각하지 말라. 파리가 앞발을 비빌 때는 뭔가 빨아먹을 준비를 할 때고 이놈을 때려잡아야 할 때다."

08

그들은 세상을 어떻게 날조하는가

권력은 때로 더러운 공작을 벌인다. 그 점에 관한 한 굳이 여야를 가릴 필요가 없다. 하지만 그 방식에는 두 당이 미묘한 차이를 보인다. 즉 보수 정권의 공작이 사실을 '은폐'하는 소극적 차원에 머문다면, 민주당 정권의 공작은 아예 없는 사실을 '창작'하는 능동적 성격을 띤다는 것.

공작정치의 패턴

패턴이 있다. 먼저 스토리를 창작한다. '검찰이 유시민을 쳐서 총선에 영향을 끼치고 대통령을 탄핵하려 한다.' 이 황당한 각본에 따라 재소자와 전과자를 증인으로 캐스팅한다. 법무법인 민본의 변호사가 이들을 법률적으로 대리하며, 친여 매체를 통해 그들의 허구를 현실에 사실로 등록한다.

이른바 '모해위증교사' 의혹 사건도 패턴이 똑같다. 먼저 '한 전 총리가 검찰의 조작 수사의 희생양'이라는 스토리를 창작한다. 이어서 재소자들을 캐스팅하고, 민본의 변호사가 나서서 친여 매체를 통해 사기 전과자들의 증언을 증폭시켜 대중의 의식 속에 그 허구를 사실로 등록한다.

마치 영화를 제작하듯이 다수의 협업으로 날조가 이루어졌다. 문제는 이 허구가 국가기관까지 움직인다는 것. 법무부 장관이 수사지휘권을 발동하면 정치검사들이 무리한 수사를 벌인다. 두 장관의 지휘권 발동은 모두 허탕으로 끝났다. 그나마 나라의 시스템은 아직 작동한다는 이야기다.

수사의 '결론'으로 얻어져야 할 것을 미리 '창작 스토리'로 전제해놓고 그 시나리오에 맞춰 증거와 증인을 조작하는 방식. 이로써 그들은 비위를 저지른 자신들을 방어하고, 이른바 검찰개혁의 명분을 확보하는 한편, 자신들은 도덕적으로 무오류라는 상상계를 유지해나가는 것이다.

현실을 대체한 스토리

억울한 옥살이를 한 이들의 변호를 맡아 '재심 전문'이라 불리는 박준영 변호사. 그가 1300쪽에 이르는 '대검 과거사 조사단'의 보고서를 공개했다. 공개된 보고서의 내용, 그리고 그 작성의 경위를 살펴보면 권력이 스스로를 유지하기 위해 얼마나 추잡한 짓을 해왔는지 알 수가 있다.

패턴은 다소 다르나 '스토리'에서 출발하는 것은 앞의 예들과 마찬가지. "사악한 검찰이 동영상에서 얼굴을 확인하고도 김학의 전 차관의 성접대를 불기소 처리했다." 이는 사실이 아니었다. 검찰에서 그를 기소하지 않은 것은 그가 아니라 피해 여성을 특정하지 못했기 때문이었다.

윤석열 전 검찰총장이 "원주 소재의 윤중천 씨 별장에서 수차례 접대를 받았다"는 스토리는 아예 《한겨레》 신문의 보도를 통해 사실로 둔갑했다. 이 또한 사실이 아니었다. 과거사진상조사위의 이규원 검사가 제 유도심문을 윤중천 씨의 답변으로 둔갑시켜 면담보고서를 허위로 작성한 것이다.

여기서도 범죄자의 증언이 결정적 증거로 활용되었다. 차이가 있다면 이번엔 윤중천 본인이 "그런 말을 한 적이 없다"고 말했다는 데에 있다. 여러 차례 유도심문을 해도 그에게서 원했던 답변이 나오지 않자 아예 면담보고서 자체를 조작할 수밖에 없었던 것이다.

사건번호도 가짜

날조는 계속된다. 이규원 검사는 김학의 전 법무부 차관의 출국을 막으려 가짜 사건번호를 붙여 출금요청서와 승인요청서를 만들었다. 명백한 불법이다. 당시 대검찰청 반부패강력부장이었던 이성윤 서울지검장은 동부지검에 이 가짜를 추인해달라고 요청했다가 '불법'이라는 이유로 거절당했다.

이 날조극 덕에 현실은 한동안 물구나무선 채 있어야 했다. "검찰은 제 식구 감싸기식 태도로 비판받아왔습니다. 성폭력 혐의를 조사하지 않았고, 사건은폐·직권남용 혐의를 받은 수사 검사도 처벌하지 않았습니다. 그 사이 피해자의 피맺힌 통곡은 계속되고 있습니다."(정춘숙)

하지만 박준영 변호사의 폭로에 따르면 검찰은 제 식구를 감싼 적이 없다. 성폭력 혐의는 조사 결과 법적 처벌이 불가능하다고 판단했을 뿐이다. '피해자'도 명확히 성폭력 피해자로 분류하기 애매했다. 출국금지의 불법성을 은폐하고 직권을 남용해 수사를 막은 것은 이성윤 서울지검장. 그들이 현실을 물구나무 세운 것이다. 왜 그랬을까? 정춘숙 국회의원의 말을 들어보자. "김학의 성폭력 사건은 검찰개혁의 신호탄과 같은 사건입니다." 검찰개혁은 민초들의 삶과는 별 관계없는 의제. 애초에 부족한 개혁의 명분을 억지로 만들어내려니 허구를 동원할 수밖에 없었던 것이다.

대통령의 물타기

모든 사건의 발단은 대통령의 지시였다. 2019년 3월 문재인 대통령은 버닝썬·김학의·장자연 등 과거에 무혐의로 종결된 사건들의 철저한 재수사를 지시했다. 김학의 사건 재수사의 동력은 존재하지도 않은 윤중천의 발언, 장자연 사건 재수사의 동력은 사기꾼 윤지오의 허위증언이었다.

정권에 부담이 되는 버닝썬 사건에 물을 타려고 슬쩍 검찰 사건 두 개를 끼워 넣은 것이다. 당시 민갑룡 전 경찰청장은 국회에서 "동영상에 등장하는 남성이 김학의라는 건 육안으로도 식별

가능했다"고 증언했다. 피해자가 특정이 안 되어 기소 못한 것을 알면서 사태를 호도한 것이다.

그즈음 청와대 이광철 민정비서관은 버닝썬 사건에 연루된 윤규근 총경에게 "민 청장이 더 세게 발언했어야 했다"는 메시지를 보냈다. '청와대발發 기획사정' 의혹을 키우는 대목이다. 이광철 비서관은 김학의 전 법무부 차관의 불법 출금 사태에도 깊이 연루되어 현재 검찰의 조사를 받고 있다.

이 날조극의 규모를 보라. 대통령, 청와대 민정비서관, 두 법무부 장관, 경찰청장, 출입국본부장, 서울중앙지검장, 대검 과거사진상조사위, 친여 매체들과 어용지식인들. 영화 한 편 찍는 데에도 엄청난 인력이 들어가거늘, 영화를 현실로 만드는 데에 이 정도 인력은 있어야 하지 않겠는가.

민중은 시작詩作을 한다

김학의·장자연 사건이 가해자들을 처벌하지 못한 채 종결된 것은 한탄할 일이다. 이에 대한 대중의 분노는 정당하며, 정치권이 그 분노에 응답하는 것을 탓할 일은 아니다. 문제는 그 방식. 그들은 허구의 스토리를 만들어 대중의 정의감을 자기들의 정치적 목적에 철저히 이용해 먹었다.

"민중은 시작(창작)을 한다Das Volk dichtet." 마르틴 하이데거Martin Heidegger의 말대로 민중은 스토리에 열광하며 그것을 스스로 지어내곤 한다. 스토리 속에서 이성은 감정으로, 논리 상상력으로 대체된다. 스토리는 세상의 그 모든 복잡함을 단순한 선악 이분법으로 환원하고, 권선징악의 교훈으로 요약한다.

기소엔 증거와 시효가, 출금에는 적정 절차due process가 필요하다. 확립된 법치의 규칙들을 무시하면 일시적으로 정의감을 만족시킬지 몰라도, 장기적으론 사회에 더 큰 불의를 가져온다. 이 복잡한 사정을 그들은 이야기로 대체했다. "검찰이 제 식구와 특권층을 챙기려고 사건을 덮었다."

스토리를 활용한 이 포퓰리즘으로 정의가 회복될 리 없다. 김학의·장자연 사건 재수사는 다시 무위로 끝났다. 애초에 허황한 약속이었기 때문이다. 대중은 좌절했다. 하지만 권력은 제 목적을 다 이루었다. 부족한 개혁의 명분을 확보했고, 자신들에 대한 검찰 수사의 예봉을 무디게 했다.

권력의 선의를 믿지 말라

이런 통치는 자유주의 정치문화에는 낯설고 실은 전체주의형 정치 커뮤니케이션에 가깝다. 국가기관을 동원해 국가기관을 공격하면 국가기관 전체가 불신을 받게 된다. '검찰=악마'라는 비현실적 인식에서 나온 개혁 방안이 현실적일 리 없다. 그래서 법치만 훼손하고 만 것이다.

결과를 보자. 대통령은 지지율이 폭락했다. 이광철 민정비서관은 검찰 수사를 받고 있고, 이성윤 지검장은 직권남용, 이규원 검사는 공문서위조, 정진웅 부장은 독직폭행으로 기소되었다. 유시민 작가는 명예훼손으로 기소되었고, 윤지오는 사기혐의로 수배되었다. 과거사위는 또 다른 과거사가 되었다.

180석의 최강 여당이 통치하는 상황에서 이런 결과가 나온 것은, 정치 상황과 무관하게 이 나라의 시스템을 지탱하는 이들이 있다는 이야기다. 권력의 선의를 믿으면 안 된다. 중요한 것은 아무리 사악한 정권이 들어서도 흔들리지 않는 법치 시스템이다. 박준영 변호사의 외로운 싸움을 응원한다.

VR은 현실이 아니다. 재보선에 참패하고도 아직 현실감을 못 찾았다. 김용민 국회의원은 "당심이 곧 민심"이라며 빛바랜 검찰개혁에 더욱더 매진하겠단다. 친노 대모 한명숙 전 국무총리는 "억울하다"며 자서전을 낸단다. 이제 대법원 판결까지 무시할 태세다. 대체 왜들 저럴까? 참 무서운 사람들이다.

제6부
대중독재와 중우정치

01
트럼프 정권과 문재인 정권

미국 극우 세력의 의회 난동 현장에 등장한 태극기. 그 사진을 보고 조국 전 법무부 장관이 SNS에 짤막한 글을 올렸다. “태극기 부대원도 참가한 것인가.” 태극기를 든 사내의 정체는 알 수 없다. 하지만 그의 글은 한국의 태극기 부대가 워싱턴까지 원정 가서 난동을 부렸다는 뉘앙스를 풍긴다. 암시를 조작하는 기법이다.

트럼피즘의 본질은 탈진실

미국의 트럼프주의자와 한국의 태극기 부대 사이에는 물론 유사성이 있다. 사고와 행동의 극단성이 그것이다. 음모론적 사유에 익숙한 것 역시 두 집단의 공통성이다. 미국의 극우가 지난 대선이 부정선거라고 믿는다면, 한국의 태극기 부대는 지난 4.15 총선에 광범위한 개표 조작이 있었다고 확신한다.

하지만 이 유사성은 피상적인 것에 불과하다. 선거 조작설은 어차피 선거 때마다 나오는 이야기다. 선거 결과에 불복하고 싶은 심리는 어느 쪽이나 마찬가지. 한쪽에 김어준이 있다면 다른 쪽엔 민경욱이 있다. 어차피 음모론자들은 어느 사회에나 일정 분량 존재하니, 이게 딱히 새로운 현상랄 수는 없다.

트럼프 현상의 독특성은 음모론 자체가 아니라 그것의 '공식화公式化'에 있다. 즉 공인이 공적인 자리에서 음모론을 내세우면, 그저 오락거리로 머물던 그 이야기가 중앙으로 진출해 아예 공적 사실로 대접받는 '탈진실post-truth'의 상황이 벌어진다. 이 점에서 트럼프 현상을 대표하는 것은 태극기 부대가 아니다.

한국에서 트럼프 현상에 대응하는 것은 민주당 정권이다. 야당에서는 태극기 부대의 개표 조작 음모론과 공적으로는 선을 긋는다. 반면 민주당에서는 통치에 각종 '음모론'을 두루 활용한다. 그 음모론은 지지자들이 만든 게 아니다. 아예 공당에서 공식적으로 제작해 유포한 것이다. 여기에 문제의 심각성이 있다.

민주당의 트럼피즘

검찰의 '대통령 탄핵' 음모론을 유포한 것은 전직 법무부 장관이었다. 현직 장관은 이를 근거로 수사지휘권을 발동하고 검찰총장 징계까지 추진했다. 이 검찰 쿠데타설은 민주당 국회의원들 사이에서 공인된 사실로 통용된다. 정경심 교수가 유죄판결을 받자 그들은 새로 "사법 쿠데타"(김두관) 음모론까지 지어냈다.

차기 주자들도 가세했다. 이낙연 민주당 대표는 "사법의 정치화" 운운하며 사법 쿠데타론에 힘을 실었다. 이재명 경기도지사는 룰라 이야기를 불러냈다. 사회가 온통 정부 전복을 노리는 세력으로 가득 차 있다는 망상. 현실에서 그 대응물을 찾을 수 없으니 한국에 브라질 상황을 오버랩overlap시켜 그 망상에 현실감을 주려는 것이다.

이처럼 트럼프와 문재인 정권은 탈진실의 전략을 구사한다는 공통점이 있다. 미국에선 대통령이 그 일을 하고 여당이 끌려 다닌다면, 한국에선 당·정·청의 강성들이 그 일을 하고 대통령이 끌려 다닌다는 차이가 있을 뿐이다. 악역을 해야 할 자리에는 좀처럼 얼굴을 내밀지 않는 대통령의 이미지 관리술과 관계가 있을 게다.

이 모든 음모론은 열성적 지지자들을 겨냥한 것이다. 미국에 '큐어넌QAnon'이 있다면 한국에는 '대깨문'이 있다. 큐어넌이 민주당은 악마요 트럼프는 구세주로 믿는다면, 대깨문은 국민의힘은 악마요 문재인은 구세주로 생각한다. 이들 광적인 지지층에 의존해 정권을 이끌어 나가는 것도 두 정부가 공유하는 특징이다.

음모론으로 시스템을 공격하라

극단적인 세력은 어느 진영에나 있다. 문제는 그 집단과 공당이 어떤 관계를 맺느냐는 것이다. 가령 국민의힘은 이제는 태극기 부대와 거리를 두려 한다. 반면 민주당은 극렬 지지층을 외려 통치의 도구로 적극 활용한다. 애초에 당의 시스템 자체가 권리당원제를 통해 강성지지층과 화학적으로 결합되어 있다.

그 결합은 여당 정치인들의 신체에 아예 프로그래밍 되어 있다. 추미애 법무부 장관은 국회에 나와 19년 전에 1년간 검사생활을 한 변호사의 책을 읽었다. 전임 장관도 민정수석 시절 청와대 수보

회의에 《일본회의의 정체》라는 책을 들고 나타난 적이 있다. 강성 지지층에게 공격해야 할 적이 누구인지 넌지시 지목한 것이다.

극렬 지지층은 제 편의 잘못은 무조건 감싸고 제 편의 거짓은 무조건 믿어주려 한다. 트럼프가 대선 불복을 선언한 것도 강성지지층의 지지가 있었기에 가능한 일이다. 역으로 큐어넌과 프라우드 보이스Proud Boys의 의사당 난동 역시 일국의 대통령이 그 행위의 정당성을 '공인'해줬기에 가능했을 것이다.

큐어넌이 워싱턴 의사당에 난입한 것이나 문 팬덤이 서초동 검찰청사 앞으로 몰려간 것은 본질적으로 같은 현상이다. 정도의 차이가 있을 뿐 권력의 지시 혹은 묵인 아래 다중의 위력으로 국가의 시스템을 공격하기는 마찬가지다. 문 대통령은 팬덤의 패악질을 '양념'이라며 공식적으로 승인해준 바 있다.

실재계를 대시하는 상상계

상황이 고통스러울 때 대중은 이해하기 힘든 '원인' 대신에 눈에 뵈는 '범인'을 찾게 된다. 그 범인만 제거하면 모든 문제가 풀릴 거라는 믿음. 트럼프는 그 환상을 위해 당선되었다. 취임 즉시 그는 범인들과 전쟁을 시작했다. 이민자를 막으려고 국경에 장벽을 건설하고, 미국 경제를 위협하는 중국과는 무역전쟁에 들어갔다.

지도자가 이성과 상식을 초월할수록 대중은 열광한다. 그들의 눈에는 그 '매드맨'이 누구도 하지 못한 일을 해내는 초인으로 보이기 때문이다. 좌절한 대중은 대화를 강조하는 낡은 '자유주의'를 버리고 지도자의 통찰과 독단에 기초한 '결단주의dezisionismus' 정치를 고대한다. 이때 정책은 구호로 대체된다.

한국도 다르지 않다. 범인은 검찰·언론·법원 등의 '적폐 세력'과 일본을 편드는 '토착왜구'. 이들만 척결하면 사회의 모든 고통이 사라질 것이다. 그래서 서민들이 코로나 바이러스로 생활고에 시달리는 상황에서도 정권은 오직 검찰개혁에 매달리고, 대깨문은 전세에서 월세로 쫓겨나면서도 문프에 대한 지지를 놓지 못한다.

법률과 절차를 무시할수록 지지층은 열광한다. 그것은 "국민의 명령"이다. 그러라고 뽑아주고 그러라고 의석을 몰아준 것이다. 법무부의 '매드우먼'이 지지자들 눈에는 결단의 영웅으로 보인다. 검찰 독재에서 국민을 해방시키는 추다르크의 역사적 사명 앞에서 구치소 재소자들의 목숨 따위는 하찮은 에피소드일 뿐이다.

바이든과 문재인의 법무부

재선 실패라는 현실 앞에서도 트럼프는 문제의 상상적 해결을 꾀했다. 부정선거 음모론을 꺼내든 것이다. 하지만 상상계로 실재계를 대체할 수는 없는 일. 미국의 법원은 그의 개표중단 소송을 줄줄이 기각했다. 의회가 바이든의 당선을 공식 승인하려 하자 좌절한 지지자들은 국회의사당을 공격하고 나섰다.

이 땅에서도 비슷한 상황이 벌어졌다. 검찰총장을 쫓아내려고 당·정·청은 문제의 상상적 해결을 꾀했다. 검찰총장의 죄를 창작해 그를 징계하려 한 것이다. 하지만 법원에서는 잇따라 이들의 상상계를 파괴하는 판결을 내렸다. 분노한 민주당은 사법부를 공격하고 나섰다. 재판부 탄핵 청원에 지지자 45만 명이 참여했다.

미국에서 탈진실은 종언을 고했다. 바이든은 법무부 고위직 지명자들에게 이렇게 말했다. "당신은 나를 위해 일하는 게 아니다. 당신은 대통령이나 부통령의 변호사가 아니다. 당신의 충성은 나에 대한 것이 아니다." 정의는 법률·헌법·국민의 몫이라며 그는 트럼프가 훼손한 법무부의 독립성을 회복하겠다고 약속했다.

이것이 민주주의다. 그런데 이 나라에서는 법무부 장관이 권력의 망나니 노릇을 한다. '수명자'라는 군사용어까지 동원해 검찰총장을 억지로 제 "부하"로 만들고는 대통령에게 충성하라고 강요한다. 거부하니 쿠데타 음모론과 권언유착의 공작정치로 허위 누명을 뒤집어씌운다. 여기서 탈진실의 상황은 아직 진행 중이다.

대통령은 올 신년사에서 이렇게 말했다. "우리는 공정의 힘을 믿으며 그 가치를 바로 세워가고 있습니다. 권력기관 개혁은 견제와 균형을 이루는 일입니다. 법질서가 누구에게나 평등하고 공정하게 적용되도록 하는 것입니다." 자신의 상상계 안에 갇혀 완전히 현실감을 잃어버리신 것이다.

'공정의 힘'을 믿어서 조국을 옹호하고, '견제와 균형'을 이루려고 검찰총장과 감사원장에게 코드를 맞추라 요구하고, '법질서'를 세우려고 재판부 탄핵을 외치나? 국민은 아비규환의 실재계에 두고 대통령 혼자 어디 살기 좋은 나라로 피정을 떠나셨나보다. 대통령과 국민이 하나의 세계를 공유하지 못하는 것은 불행한 일이다.

02

당원투표와 민중주의

예상이 빗나갔다. 민주당에서 당원투표를 한다기에 "유신 국민투표보다 찬성률이 높게 나올 것"이라고 썼는데, 찬성률이 86.67퍼센트로 1972년 유신헌법 찬성률 91.5퍼센트보다 무려(?) 5퍼센트나 덜 나온 것이다. 민주당에서는 이를 "전 당원의 의지 표출"이라 평가하며 "후보를 공천해 시민들의 선택을 받는 것이 책임정치에 더 부합한다는 이낙연 대표와 지도부 결단에 대한 전폭적인 지지"라고 논평했다.

책임 안 지는 책임정치

태초에 성추행이 있었다. 충남도지사, 부산시장, 서울시장 등 민주당에서 공천한 지자체장들이 국민에게 위임받은 권력으로 줄줄이 성추행을 저질렀다. 그뿐인가? 박원순 사건이 터지자 민주당에서는 피해자를 '피해호소인'이라 부르고, 박원순 서울시장의 장례를 '서울특별시장葬'으로 치렀다. 피해자는 이를 보며 "절망"을 느꼈다고 했다. 그 당의 지지자들은 아직도 피해자에게 2차 가해를 저지르고 있다.

이걸로도 부족했나보다. 보궐선거에 후보를 내겠단다. 이 참사에도 책임은 못 진다는 결연한 의지의 표명이다. 이낙연 대표는 "피해 여성에게 사과를 드린다"고 했다. 사과에는 책임지는 행위가 따라야 한다. 그 행위란 후보를 내지 않는 것일 터이나, 그는 사과에 필요한 행동은 거부했다. 3차 가해를 저지른 셈이다. 피해 여성은 그에게 "무엇에 대해 사과한다는 뜻이냐"고 물었다.

2015년 문재인 대표는 당헌에 이렇게 못박았다. "선출직 공직자가 부정부패 등 중대한 잘못으로 그 직위를 상실하여 재보선을 실시하게 될 경우 해당 선거구에 후보자를 추천하지 아니한다." 이에 기초해 "새누리당이 고성에서 무책임하게 후보를 내고 또 표를 찍어달라고" 한다고 비판하기도 했다. 그랬던 그가 당에서 자신의 혁신안을 좌초시키는 데도 한마디 말이 없다.

이 정권의 자가당착은 하도 많아 말해봐야 입만 아플 뿐. 참기 힘든 것은 이들이 자기변명을 하느라 일상언어까지 파괴하고 있다는 것이다. "후보를 공천해 시민들의 선택을 받는 것이 책임정치에 더 부합한다." 책임의 문제를 그들은 이렇게 처리한다. 책임을 지는 대신에 아예 '책임'의 정의를 바꾼 것이다. 그 결과 '책임정치'는 이제 책임을 지지 않는 정치를 의미하게 되었다.

괴물과 싸우다 괴물이 되다

어디 이번만인가? 민주당에서는 윤리적으로 의심스런 결정을 내릴 때마다 늘 당원들을 소환해왔다. 지난 총선 전 위성정당을 만들 때도, 총선 후 위성정당과 합당할 때도 당원투표의 형식을 빌린 바 있다.

굳이 투표함을 열어볼 필요도 없다. 늘 찬성표가 압도적 다수일 테니까. 아니, 애초에 결과가 빤하니 투표를 하는 것이다. 이 투표의 요식성은 전체주의 정당의 특성이다.

과연 투표제안문엔 오직 찬성해야 할 이유만 적혔다. “후보를 내지 않는 것만이 책임 있는 선택은 아니며 오히려 후보 공천을 통해 시민의 선택을 받는 것이 책임 있는 공당의 도리라는 의견도 있습니다.”

결론도 내려준다. “문재인 정부의 국정 과제 완수와 민주당의 정권 재창출을 위해 2021 재보선의 승리는 매우 중요합니다.” 이래 놓고 투표를 하란다. 흡사 북한의 투표를 보는 듯하다.

박정희의 수법을 쏙 빼닮았다. 박정희는 1972년 국민투표로 유신헌법을 도입하고, 3년 후에는 국민투표로 재신임을 얻어냈다. 하지만 국민투표를 거쳤다고 유신헌법에 정당성이 생기던가? 오늘날 유신헌법은 헌정의 파괴로 여겨진다.

그 짓을 지금은 민주당에서 한다. 당원투표로 당의 헌법을 파괴한다. 민주당이 미니 3공이 된 셈이다. 괴물을 비판하다가 자신들이 괴물이 된 것이다.

2015년 대권주자였던 민주당의 문재인 대표는 ‘책임정치’를 표방하며 불공천 방안이 담긴 당의 혁신안을 발표했다. 5년이 흐른 2020년 이낙연 민주당 대표는 그 혁신을 무효화하는 것으로 대권 행보를 시작한다. 이것이 민주당의 현주소다.

과거의 민주당은 그래도 미래로 나아가려 했으나, 현재의 민주당은 과거로 돌아가려 한다. 최근 민주당의 거의 모든 행보에 이 퇴행성이 보인다.

희미한 숙의 민주주의의 추억

어쩌다 이렇게 되었을까? 당원투표의 취지는 참여 민주주의의 확대에 있었을 게다. 대의제 민주주의에서는 가끔 대의가 작동하지 않을 때가 있다. 그렇게 당의 지도부에서 대의에서 벗어난 결정을 내릴 경우, 평당원들이 투표를 통해 "깨어 있는 시민의 조직된 힘"으로 이를 견제하라는 뜻이리라. 그 훌륭한 제도가 외려 지도부의 그릇된 결정을 눈감고 추인해주는 절차로 변질된 것이다.

처음부터 그랬던 것은 아니다. 이 정부는 집권 초 신고리 5·6호 원전 건설 여부를 '숙의 민주주의'에 맡겼다. 시민들은 찬반 양쪽 전문가들의 의견을 경청했고, 찬반양론으로 나뉘어 서로 이성적 토론을 한 끝에 원전 건설 여부를 표결로 결정했다. 비록 결론이 내가 원하는 방향으로 나오지 않았지만, 그 결정을 존중했던 것은 그것이 숙의 민주주의를 거쳐 내려진 판단이기 때문이었다.

하지만 민주당의 당원투표에는 이런 '숙의'와 '토론'의 과정이 빠져 있다. 위성정당을 만들 때에는 양정철이 들고 온 선거 시뮬레이션 시나리오가 그것을 대체했다. 이번 당헌 개정에서는 반대의견을 들어볼 기회가 없었다. 투표제안문에도 반대 이유는 소개조차 되어 있지 않다. "장사꾼도 신의를 지키는 것이 중요하다"던 이재명 경기도지사도 분위기 파악하고는 "정치는 생물"이라며 말을 뒤집었다.

투표에 참가한 당원은 대부분 대통령을 지키는 전사들. 애초에 숙의나 토론과는 거리가 먼 사람들이다. 대선주자마저 이들의 눈치를 살피는 판에 내부에서 토론이 이루어질 리 없다. '당이 결심하면 우리는 한다.' 이 전투적 열정으로 뭉친 에너지 덩어리에 의사를 묻는 것은 요식행위일 뿐. 민주당의 지도부는 이를 모르지 않는다. 그래서 필요할 때마다 당원투표를 활용하는 것이다.

집단만 있고 지성은 없다

민주주의 제도도 이렇게 특정한 '조건' 아래에서는 전체주의 투표로 귀결된다. 그 '조건'이란 집단의 균질화. 전사의 집단은 이질적 존재를 허용하지 않는다. 조금이라도 이견을 가진 이는 배척된다. 이물질이 제거될수록 집단은 더 순수해지고 더 극렬해진다. 스스로 당헌을 파괴하는 데에 무려 86.7퍼센트가 찬성을 표했다는 것은 당원들의 균질화가 얼마나 심각한 상태인지 보여준다.

이들의 활동을 '집단지성'이라고 미화하는 이들도 있다. 하지만 실험에 따르면 집단지성은 집단의 성원들이 저마다 개인으로서 이질성을 유지할 때 가장 잘 작동한다. 균질화한 집단에서는 전체의 판단이 하나의 견해로 쏠리게 되는데, 그렇게 내려진 집단의 판단은 대부분 오답이라고 한다. 이 맥락에서 전체가 쏠리는 그 '하나의' 견해는 물론 민주당 지도부의 것일 수밖에 없다.

민주당 지지층은 그렇게 친문의 친위부대로 전락해갔다. 이를 더욱더 부채질하는 것은 청와대 국민청원 제도다. 듣자 하니 추미애 법무부 장관을 비판한 검사들을 파면하라는 청원에 서명한 이가 벌써 40만 명이라고 한다. 이 직접 민주주의의 제도 역시 특정한 조건하에서는 '대중과 지도자의 직접적 결합'이라는 전체주의적 통치 수단으로 변질된다. 이때 대중은 권력의 홍위병으로 전락하게 된다.

취지대로라면 당원투표는 지도부의 명분 없는 후보 공천을 철회시키는 데에 사용되어야 했다. 청와대 국민청원은 법무부의 초법적인 행태를 멈춰달라고 호소하는 데에 사용되었어야 했다. 하지만 지금 그 제도들은 권력에 '반하여'가 아니라 권력을 '위하여' 가동되고 있다. 청원 40만 명에 발맞춰 법무부 장관은 "검찰총장이 정치적 중립성을 훼손"했다는 메시지를 냈다. 대중에게 총공격의 시그널을 보낸 것이다.

노무현 대통령이 꿈꾸던 참여 민주주의는 이 정부에서 민중민주주의로 귀결되고 말았다. 최장집 교수는 민주당이 "민중주의"에 빠졌다고 진단했다. 하지만 민주당 국회의원 중 이 말의 뜻을 알아듣는 이는 하나도 없다. 최근 그 당 국회의원들의 지적 수준이 현저히 떨어졌다. 무지한 그들은 자신들의 민중주의가 참여민주주의라 굳게 착각한다. 그러니 앞으로도 당원투표할 일이 많을 게다.

압도적인 찬성으로 당헌에 한 문장이 추가되었다. "단, 전 당원 투표로 달리 정할 수 있다." 이 말로써 그 앞의 무공천 조항은 사실상 폐기된다. 일본 닛코의 세 원숭이처럼 문재인 대통령은 눈을 가렸고, 이낙연 민주당 대표는 귀를 막았고, 이재명 경기도지사는 입을 닫았다. 이렇게 눈과 귀와 입을 막은 채 민주당은 몰락해간다.

03

가해자중심주의, 민주당 성추행 잔혹사

"공천을 통해 시민들로부터 심판을 받는 것이 책임 있는 도리라는 생각에 이르렀다." 작년 10월 당시 이낙연 민주당 대표가 의원총회에서 한 말이다. 어느새 심판의 그날이 다가왔다. 성추행을 하고도 스스로 책임지기를 거부하는 정당에 책임을 지우는 길은 그의 말대로 '시민들로부터의 심판'밖에 없다.

민주당 안의 가해 구조

충남도지사, 부산시장, 서울시장. 민주당 지자체장들이 연이어 성추행을 저질렀다. 이쯤 되면 개개인의 문제가 아니라 민주당이라는 조직 자체에 뭔가 심각한 결함이 있다는 이야기다. 민주당의 그 징그러운 조직문화는 성추행 자체만이 아니라 그 사건들을 처리하는 방식에서도 극명히 드러난다.

'여성운동의 대모'라는 남인순 국회의원은 박원순 전 서울시장 측에 성추행 피소 사실을 알려주었다. 단톡방에서는 피해 여성을 '피해자'가 아닌 '피해호소인'이라 부르자고 주장해 관철시켰다. 당시 이해찬 민주당 대표는 박원순 전 서울시장의 성추행에 관해 묻는 기자에게 "후레자식"이라고 욕설을 퍼부었다.

가족장으로 예정되었던 박원순 전 서울시장의 장례는 갑자기 '서울특별시장葬'으로 업그레이드되었다. 민주당 지도부의 강력한 요청이 있었던 것으로 알려진다. 분향소 앞에 줄을 선 추모객들을 바라보며 피해자는 "절망을 느꼈다"고 했다. 그렇잖아도 그는 민주당 지지자들의 파상공격을 당하던 차였다.

민주당은 당헌까지 고쳐 후보를 공천했고, 공천을 받은 박영선 후보는 '피해호소인'이란 용어를 만든 3인방을 공동선대본부장과 캠프 대변인에 임명했다. 쏟아지는 비난으로 이들이 사퇴하자 "20만 표가 날아갔다는 말이 있다"며 아쉬워했다. 진성준 국회의원은 '피해호소인'이라는 표현은 "불가피했다"며 이들을 두둔했다.

보궐선거로 박원순 복권

박영선 후보만이 아니다. 그와 경선을 벌였던 우상호 후보 또한 제 SNS에 박원순이 "롤모델"이라며 "박원순이 우상호이고, 우상호가 박원순"이라 써 올렸다. 열성 지지자들의 표 때문에 박원순의 성추행 사건으로 인해 치러지는 보궐선거를 그의 정치적 명예 회복의 장으로 바꿔놓으려 한 것이다.

지지자들의 상태는 더 심각하다. 조국백서(《검찰개혁과 촛불시민》)의 공동저자 김민웅 교수와 민경국 전 서울시 인사기획비서관은 피해자가 박원순 전 서울시장의 생일을 맞아 보낸 친필 편지를 공개했다. 변태가 아니라면 직원이 생일 때마다 시장에게 편지를 보내야 하는 사정에서 시장실을 지배하는 구조화된 억압의 실체를 짐작할 게다.

보궐선거가 박원순의 정치적 복권의 장으로 흐르는 것을 보다 못해 피해자가 기자회견을 했다. 그러자 TBS 공중파를 통해 김어준이 그것을 "정치 행위"라고 비난했다. "그걸 비판한다고 2차 가해라고 하면 안 된다." 이런 헛소리가 서울시민의 세금으로 운영되는 공중파로 흘러나갔다.

《오마이뉴스》의 손병관 기자는 아예 박원순의 성추행 사실을 부정하는 책(《비극의 탄생》)까지 냈다. 그 책에 친노 인사 조기숙 교수가 추천사를 썼고, 〈나는 꼼수다〉 김용민이 방송을 통해 자락을 깔아주었다. 그 기자 역시 피해자의 기자회견이 5~6개월 전에 미리 계획된 정치적 기획이라는 음모론을 폈다.

희극의 탄생

박원순의 성추행은 공식적 사실이다. 그는 목숨을 끊음으로써 그 사실을 자인했다. 제게 닥칠 그 모든 불이익을 각오하고 피해자가 거짓말을 할 이유가 없다. 그의 죽음으로 수사가 중단되었지만, 검찰·법원에 이어 국가인권위원회에서 51명의 증언을 토대로 그의 성추행을 공식적으로 인정했다.

이 사실을 부인하는 자들은 피해자의 증언을 흠집 내는 데에 골몰할 뿐 자신들의 '시나리오'를 적극적으로 제시하지 않는다. 왜? 그들의 주장이 말이 되려면, 20대의 젊은 여성이 '난닝구' 입은 사진이나 보내는 60대의 노인에게 연정을 품었다는 대단히 비현실적인 가정을 해야 하기 때문이다. 그들이 하고 싶은 말은 결국 피해자가 박원순 전 서울시장에게 먼저 추근대다 허위 폭로를 했다는 것이리라. 그렇게 대놓고 말을 못하니 피해자가 보낸 편지를 공개하는 식으로 변죽만 울려대는 것이다. 그걸로도 모자랐나보다. 그의 폭로에 정치적 배경이 있다는 대안 서사까지 만들어 퍼뜨리고 있다.

박원순 전 서울시장은 왜 자살했는가? 그들은 이렇게 설명한다. "선정성을 악용하는 언론과 정치권이 가하는 인신공격이 무서워 스스로 목숨을 끊는 비극이 반복되어선 안 된다."(김진애) 결국 피해자의 폭로와 '언론과 정치권'의 선정성이 무고한 그를 죽음으로 내몰았다는 이야기.

램지어와 손병관

그들은 이렇게 피해자를 가해자로, 가해자를 피해자로 바꿔놓았다. 지난 1월 '적폐청산국민참여연대'에서는 피해 여성을 "미필적 고의에 의한 살인죄"로 고발하겠다고 나섰다. 피해자가 기자회견을 하자 그들은 "공무원의 정치적 중립 의무 위반"이라며 선거법 위반 혐의로 그를 선거관리위원회에 고발했다.

안희정 사건 때도 민주당 지지자들은 피해자를 조직적으로 공격한 바 있다. 안으로는 똘똘 뭉쳐 피해자를 이상한 여자로 만들어버리고, 밖으로는 지지자들을 동원해 피해자에게 무차별 인신공격을 퍼부었다. 피해자를 위해 증언한 몇 안 되는 이들은 '배신자'로 찍혀 불이익을 당해야 했다.

윤미향 사태 때는 어땠는가. 민주당 지지자들은 이용수 할머니를 향해 "위안부가 뭔 벼슬이냐", "진짜 위안부가 맞느냐"는 등 차마 입에 담지 못할 욕설을 퍼부은 바 있다. 애먼 이들에게 '토착왜구' 딱지를 붙이더니, 정작 위안부를 부인하는 토착왜구는 자기들이었던 셈이다. 징그러운 족속이다.

실제로 피해자성을 부인하는 이들의 논리는 위안부를 부정하는 한일 극우파의 주장과 동일하다. "증언만 있을 뿐 물증이 없다", "피해자의 증언이 오락가락한다", "반대되는 증언도 있다" 등 세세한 것을 트집 잡아 실체적 진실을 부정한다는 점에서 《반일 종족주의》와 《비극의 탄생》은 남근주의 쌍생아다.

그들의 가해자중심주의

이는 여성에 대한 남성 권력의 폭력이 진영과 국경을 넘어 '가해구조'로서 엄존한다는 것을 의미한다. 그 구조 때문에 성폭력 피해자들이 외려 죄인처럼 숨어 지내야 했다. 그 징그러운 구조에 균열을 내려고 '피해자중심주의'의 원칙을 관철시킨 것이 하필 박원순 전 서울시장. 비극적인 역설이다.

박원순 전 서울시장이 그 피해자중심주의에 발목을 잡혔단다. 아니다. 그의 죽음은 결코 피해자중심적이지 않았다. 그는 유서에서 제 잘못을 인정하지도, 피해자에게 사과하지도 않았다. 외려 죽음으로써 진상의 규명을 불가능하게 만들었다. 그의 죽음은 피해자를 향한 2차 가해를 조장했다. 누구 말대로 "어떤 자살은 가해였다".

피해자가 불이익을 무릅쓰고 거짓말을 할 이유는 없다. 반면 가해를 돕거나 방조한 이들에겐 거짓말을 할 이유가 있다. 증언의 무게가 같을 리 없다. 안희정 사건에서 봤듯이 그들은 피해자의 편을 든 이들에겐 '조직의 쓴맛'을 보여준다. 그런 이들의 증언만 골라 모아 아예 '가해자 서사'를 구성한 것이다.

가해자중심주의는 성추행을 그레이 로맨스로 둔갑시킨다. "공직자의 로맨스를 비난할 자격이 있는 사람은 오직 그의 배우자일 뿐이다."(조기숙 교수) 피해자는 2차 가해로 고통을 받고 있는데, 그에게 "장밋빛 미래"(손병관 기자)가 펼쳐지고 있단다. 이들의 주장에는 가해자에 대한 이해만이 있을 뿐, 피해자에 대한 배려는 눈곱만큼도 없다.

박원순이 돌아온다

"용산 공원의 숲속 어느 의자엔가 … 박원순의 이름 석 자를 새겨 넣었으면 좋겠다." 임종석 전 대통령 비서실장의 말이다. 그는 묻는다. "박원순은 그렇게 몹쓸 사람이었나?" 피해자에게 박원순은 어떤 사람이었을까? 박원순은 떠났어도 이렇게 가해의 구조는 그대로 남아 있다. 그 사람들도 여전히 그 자리에 있다.

"저를 상처 주었던 정당에서 시장이 선출되었을 때 저의 자리로 돌아갈 수 없을 것이라는 두려움이 든다." 이 두려움은 현실적인 것이다. 하지만 그들은 피해자의 두려움에서 선거법 위반만을 본다. "지금의 인터뷰는 사전선거운동에 해당한다." 정경심 교수 변호인단으로 활동한 김필성 변호사의 말이다.

손병관 기자는 피해자의 호소를 "정치적 반사이익을 받을 곳이 보은할 것으로 계산"해서 하는 행위로 본다. 그게 그가 말한 피해자의 "장밋빛 미래"다. 하지만 성추행 피해자에게 '장밋빛 미래'란 없다. 그저 돌아가고 싶은 과거의 일상이 있을 뿐이다. 그리고 우리에겐 그 회복을 도울 의무가 있을 뿐이다. 그러니 당장 멈추라, 그 징그러운 가해를.

04

민주당은 왜 혁신이 불가능한가

교도소장이 죄수들을 한자리에 모아놓고 말한다. “너희에게 좋은 소식 하나와 나쁜 소식 하나를 가져왔다. 어느 것부터 들을래?” 당연히 좋은 소식부터. “오늘 너희들의 속옷을 갈아입게 해주겠다.” 죄수들은 환호한다. “이어서 나쁜 소식. 너희들끼리.” 민주당을 보면 이 농담이 생각난다.

소신파의 반란과 진압

비상대책위원장이 친문 핵심 도종환 국회의원이란다. 비상대책위원 일곱 명 중 네 명이 '친문 하나회'라 불리는 '민주주의 4.0' 소속. 그 짧은 비상대책위원회 기간 이후에 벌어진 당대표·원내대표 후보들 역시 송영길·홍영표·윤호중 의원 등 강성친문. 이미 당이 친문 일색이라 친문·비문 따지는 것 자체가 의미 없다.

결국 자기들끼리 팬티 갈아입고는 '국민 여러분, 우리 쇄신했어요. 속옷 갈아입었어요. 믿어주세요'라고 외치는 격이다. 그 당에도 제정신 가진 사람은 있다. 보다 못한 노웅래 국회의원이 한마디 했다. "국민에겐 '이 사람들이 아직도 국민을 졸로, 바보로 보는 거 아닌가' 이렇게 보일 수 있다."

조응천·김해영 등 이른바 '소신파'들도 쓴소리를 했다. 그러자 김어준이 바로 진압에 나섰다. 그들은 "소신파가 아니라 공감대가 없어서 혼자가 된 것"이라며 "선거에 가장 도움이 안 되었던 분들이 가장 도움이 안 될 말을 가장 먼저 나서서 한다"고 힐난하고 나섰다. 그 당의 노선은 김어준이 정한다.

초선의원 다섯이 조국 사태에 대해 “사과할 용의가 있다”고 밝혔다. 그러자 김정란·고은광순 등 친문 스피커들이 이들의 전화번호를 공개했다. 대깨문들은 찍어준 좌표에 따라 “초선족” 의원들에게 문자폭탄을 투하했다. 초선들은 부랴부랴 “조국이 잘못했다고 한 것은 아니”라고 해명하고 나섰다.

민심과 당심의 괴리

반란은 신속히 진압당했다. 선거를 통해 민심과 당심 사이의 현격한 괴리가 확인되었지만, 당의 안팎으로 이를 바로 잡을 기제는 존재하지 않는다. 그러니 아무리 ‘혁신’한다고 떠들어도 결국 누런 팬티에 하얀 분칠을 하고 나타나 빨아 입었다고 우기는 격. 그 고약한 냄새는 어떻게 하고?

이럴 때 요구되는 것이 ‘차기’의 역할이나 그마저도 기대할 수가 없다. 이낙연 전 당대표는 이번 선거로 아웃 당했고, 이재명 경기도지사는 당 내 기반도 약하고 ‘반문’으로 낙인이 찍힌 바 있어 후보가 되려면 친문의 눈치를 살펴야 한다. 이런 민감한 때에 잘못된 발언 하나로 정치 생명이 끝날 수 있다.

당심과 민심의 괴리란 곧 신앙과 현실의 괴리를 의미한다. 조국은 아무 잘못도 하지 않았다. 조국이 잘못했다고 하는 순간 서초동 촛불집회부터 지금까지 유지되어온 믿음이 파괴되고, 그로써 민주당이라는 신앙 공동체 자체가 위기에 빠지게 된다. 그래서 조국만은 버릴 수가 없는 것이다.

사회심리학자 레온 페스팅거Leon Festinger가 지적한 '인지부조화'의 상태. 대홍수로 인류가 멸망할 거라고 믿는 사이비 종교가 있었다. 하지만 종말의 그날 대홍수는 일어나지 않았다. 그런다고 그들의 신앙이 붕괴하는가? 아니다. 그들은 자신들의 신심이 인류를 구했다고 말했다. 민주당과 지지자들이 지금 그 상태에 있다.

민주당의 인지부조화

믿음과 현실 사이의 이 부조화를 어떻게 극복할 것인가? 정청래와 김용민 국회의원에 따르면 참패의 원인은 조국이 아니다. "그럼 작년 총선은 어떻게 이겼는가?" 이런 궤변으로 자기들이 옳다는 믿음을 계속 유지하는 것이다. 조국 때문에 지지율 까먹다가 코로나 덕에 운 좋게 이긴 것 아닌가?

그럼 왜 패했는가? 검찰개혁이 미진했기 때문이란다. 손혜원 전 국회의원이 SNS에 소감을 올렸다. "민주당이 살길은 오로지 검찰 수사권 완전 박탈뿐." 검찰개혁 한답시고 공정과 상식을 파괴한 것이 참패의 원인이거늘 외려 그 짓을 더 맹렬히 하라고 주문한다.

언론 탓도 빠지지 않는다. 이낙연 전 당대표는 "이번 선거에서 언론들의 보도 태도가 한번은 검증 대상이 될 것"이라고 했다. 열린민주당의 최강욱 국회의원은 굳게 다짐한다. "그래서 검찰개혁과 언론개혁은 분리될 수 없는 시대적 과제다. 다음 세대의 행복한 삶을 위해서라도 반드시 끝장을 보겠다."

아예 현실을 부정하는 이도 있다. "선거의 주도권은 주도적으로 패배한 민주당에 있는 것이지 국힘당에 있는 것이 아니다." 정대화 상지대학교 총장의 말이다. 한마디로 졌지만 이겼다는 것이다. 이런 식으로 계속하면 다음 대선에서도 다시 '선거의 주도권'을 쥐고 '주도적으로 패배'할 게 빤하다.

국민이 묻는 것

이는 민주당이 처한 딜레마를 보여준다. 반성을 하려면 이 모든 사태의 근원인 조국과 선을 그어야 한다. 하지만 그를 버리는 순간 지지층의 반발을 살 수밖에 없다. 오랜 선동과 세뇌로 그들의 믿음은 정치적 신념을 넘어 종교적 신앙의 차원으로 승화한 터. 논리적 설득이 불가능한 상태다. 일본 천황은 패전 후 '인간선언'을 통해 스스로 인간이 되었다. 그 덕에 일본은 군국주의 국가에서 민주주의 사회로 변신할 수 있었다. 그처럼 민주당 또한 거듭나려면 조국이 스스로 잘못을 인정하고 '나를 버리라'며 지지자들을 설득해야 하나, 그에게 그런 염치를 기대할 수는 없는 일.

법정에 나온 정경심 교수 변호인단은 검찰이 USB를 삽입해 증거를 오염시켰을 가능성까지 거론했다. 법원이 바보인가. 이는 재판을 위한 사법적 행위라기보다는 법정 밖의 신앙 공동체를 겨냥한 정치적 행위에 가깝다. 즉 1심 판결에 흔들리지 말고 계속 신앙 공동체의 결속을 유지해달라는 이야기다.

당권 주자인 홍영표 국회의원은 "국민 눈높이에서 공감하는 데에 있어서 우리가 안이했다"고 반성했다. 그에게 묻는다. '그래, 조국이 입시 비리를 저질렀다는 사실을 이제는 인정하는가?' 그의 대답은 이것이다. "조국 전 장관의 입시 비리 문제의 사실관계는 재판을 통해 확정될 것이다." 반성은 가짜다.

멈출 수 없는 폭주 기관차

"저부터 반성하고 변하겠다." 법사위원장으로 입법 독주를 주도해온 윤호중 국회의원의 말이다. 반성하겠다더니 외려 원내대표로 영전하시겠단다. 어이가 없다. 애초에 중앙위원회에서 뽑기로 했던 최고위원도 전당대회에서 선출하기로 방침을 바꿨다. 친문 기득권을 포기할 수 없다는 선언이다.

민주당 전당대회 투표 반영 비율은 일반 권리당원의 비율(40퍼센트)이 국민일반(10퍼센트)이나 일반당원(5퍼센트)의 그것에 비해 압도적으로 높다. 문제는 이 권리당원들이 대부분 '대깨문'이라는 것. 그러니 투표를 해봐야 민심과 당심의 괴리가 극복될 리 없다. 이 비율을 바꾸는 일은 다음으로 미루어졌다.

민주당의 권리당원제는 사실 친문 주류가 강성지지층을 활용해 당 내 헤게모니를 장악하는 수단으로 전락한 지 오래. 참여 민주주의를 위해 도입한 제도가 당 내에서 이견자를 제거하고 당 밖으로는 '양념'질이나 하고 다니며 당과 대통령에게 무조건 충성하는 홍위병 양성소가 된 것이다. "개혁을 더 세게 안 해서" 참패했다며 외려 유권자를 탓하는 게 그들이다. "그렇다고 친일 보수 정당 손을 들다니", "개혁을 하지 않아서 반개혁 정당을 압도적으로 지지했다는 게 말이 되냐."(민주당의 한 초선의원) 대깨문 커뮤니티에는 "20대에게 투표권을 주지 말자"는 글까지 올라왔다.

집단은 생각하지 않는다

'집단지성'은 집단 내의 이질성을 전제한다. 집단이 등질적일수록 정답에서 멀어지기 마련. 민주당이 딱 그 꼴이다. 권리당원들이 이견자를 공천에서 탈락시키니 이견을 낼 수가 없다. 그 결과 당이 안으로는 더 순수해지고, 밖으로는 더 배타적으로 변해간다. 민심과 당심의 괴리는 필연적이다.

당대표·원내대표·최고위원도 모두 강성친문의 몫이 될 게다. 친문이니 비문이니 하지만 "당에는 이미 계파가 사라졌다".(우원식) 정도의 차이일 뿐 어차피 친문 일색이라 딱히 책임을 물을 곳도 마땅치 않다. 그러니 인적 청산은 없고, 혁신의 대상이 주체로 나서는 해괴한 일이 벌어질 수밖에.

오지 않은 종말이 신도들의 신앙을 꺾지 못하듯이 참패한 선거가 민주당의 신앙을 꺾지는 못한다. 정청래 국회의원의 말이다. "개혁은 자전거 페달과 같아서 계속 밟지 않으면 넘어지고 쓰러져 전진할 수 없다. '180석이나 줬는데 지금 뭐 하고 있나' 여기에 적극적으로 응답해야 한다." 멍청할 정도로 솔직하다. 반성하는 척을 한들 이 DNA가 어디 가겠는가? 민주당은 구제불능이다.

제7부
세대의 문제

01

평등도, 공정도 사라진 사회

"'공정'은 촛불혁명의 정신이며, 우리 정부의 흔들리지 않는 목표입니다." 지난 토요일 '청년의 날' 기념식장에서 문재인 대통령이 한 말이다. 이날 대통령은 '공정'이라는 말을 37번이나 입에 담았다고 한다. 어이가 없다. 조국·추미애 사태 이후에도 태연히 공정을 말하다니, 어디 딴 세상에 사시는 분 같다. 유체이탈을 해 극성스런 지지자들 데리고 저 '달'나라로 이주하신 모양이다.

이벤트에 무너진 공정

젊은 세대가 민감하게 받아들이는 세 가지 이슈가 있다. 입시와 병역, 취업이 그것이다. 그중 조국 사태(입시)와 추미애 사태(병역)는 변명의 여지가 없었는지, 대통령은 오직 인천국제공항공사 사태만 언급했다. "때로는 하나의 공정이 다른 불공정을 초래하기도 했습니다." 적어도 이 사안에 관해서는 나름대로 "정규직과 비정규직 사이의 차별을 해소"하려는 정부의 선의가 있었다는 이야기를 하고 싶었나보다.

선의는 의심하지 않는다. 문제는 전시행정이었다. 그저 카메라 앞에서 '비정규직을 챙기는 대통령'의 이미지를 연출할 생각에 거시적이고 장기적이고 체계적인 계획이 요구되는 중요한 노동정책을 현장에서 즉흥적으로 발표해버린 것이다. 그로 인해 노조와 노조가 부딪히고, 정규직 전환자와 취업준비생이 서로 반목하게 되었다. 심지어 정규직 전환 과정에서 탈락해 애먼 일자리만 잃은 이들까지 생겼다.

아무리 생각 없는 말이라도 그 말이 대통령에게서 나왔다면 지켜져야 한다. 그 뒤치다꺼리는 구본환 사장이 맡았다. 하지만 현행 법규상 직고용은 불가능하니, 이 미션 임파서블을 수행하려면 편법에 의존할 수밖에 없다. 그러니 문제가 발생할 수밖에. 결국 그 책임은 구본환 사장이 혼자 뒤집어쓰고 말았다. 잘못은 청와대에서 저지르고 책임은 애먼 사람이 지게 된 셈이다. 이것이 문재인 정권의 공정이다.

당시 민주당의 김두관 국회의원은 공정을 이유로 정규직 전환에 반대하는 취준생들을 크게 꾸짖었다. "조금 더 배우고 정규직 되었다고 비정규직보다 두 배가량 임금을 더 받는 것이 오히려 불공정이다." 전형적인 586의 마인드다. 노동가치설에 입각한 전통적인 평등주의의 반론이다. 딱히 틀린 이야기는 아니다. 문제는 그들이 취준생들의 분노를 가슴으로 느끼지도, 머리로 이해하지도 못한다는 데에 있다.

과정만은 공정해야

요즘 젊은 세대는 '공정'에 민감하다. 평등주의egalitarianism 이념을 가진 586 세대와 달리 그들은 능력주의meritocracy를 자연스럽게 여긴다. 이화여대생들의 평생교육 단과대학 반대 시위부터 평창 동계올림픽 아이스하키 단일팀 반대, 사법시험 폐지 반대, 인천국제공항공사의 정규직 전환 반대, 최근에 일어난 젊은 의사들의 공공의대 반대 파업의 바탕에는 이 능력주의 마인드가 넓게 깔려 있다.

그들은 누군가 선발시험을 보지 않고 이화여대생이 되고, 의대생이 되고, 판검사가 되고, 국가대표가 되고, 공사의 정직원이 되는 것을 정의롭지 못하다고 여긴다. "조금 더 배우고 정규직 되었다고 비정규직보다 두 배가량 임금을 더 받는 것"이 그들에게는 결코 '불공정'이 아니다. 성적에 따른 차별은 당연한 것이다. 그들에게 불공정은 오히려 시험도 안 치른 이들이 정규직과 똑같은 임금을 받는 것이다.

평생교육 단과대학을 허용하면 이화여자대학교 졸업장의 가치가 떨어진다. 공공의대를 허용하면 의사의 '퀄리티 컨트롤'이 망가진다. 어려운 시험을 통과한 이들의 특권은 침해받아서는 안 된다는 것이다. 이는 그 특권과 별 관계없는 젊은이들도 마찬가지다. 언젠가 학교의 토론수업에서 이른바 '스카이 캐슬'의 부당한(?) 특권을 비판했더니, 이런 대답이 돌아왔다. "걔들은 고등학교 때 열심히 공부했잖아요."

젊은 세대에게는 아예 평등에 대한 기대가 없다. 그들에게 출발조건의 불평등은 '운명'이다. 경쟁의 결과로 발생한 불평등은 '정의'다. 그러니 아직 통제 가능한 것은 오직 '과정'뿐. 그래서 그 과정의 공정이라도 보장해달라고 요구하는 것이다. 공정한 경쟁으로

쟁취한 특권은 맘껏 누려도 되는 보상이고, 공정한 경쟁에 져서 안게 된 차별은 군말 없이 치러야 할 죄과인 것이다. 어쩌다 이렇게 되었을까?

평등주의 대 능력주의

그것은 산업사회 이후 사회와 관련이 있다. 정보혁명의 시대에 들어와 '창조적 엘리트'의 경제적 역할이 과거와는 비할 수 없을 정도로 커졌다. 아무 고정자본 없이 무형의 발상만으로 엄청난 부를 창출하는 이들. 그 소수가 '살찐 고양이'가 되어 일반 노동자의 수백, 수천 배의 보수를 받아도, 그 불평등은 그들의 혁신 덕에 사회 전체가 누리게 된 혜택으로 간단히 상쇄된다. 이는 전통적인 진보주의의 위기를 의미한다.

민주당 사람들은 이 새로운 욕망을 과거 산업혁명기에 형성된 평등주의 이념으로 잠재울 수 있다고 믿는 모양이다. 가령 조국 전 법무부 장관은 "모두가 용이 될 수 없으며 그럴 필요도 없다"며 "중요한 것은 개천에서 붕어·개구리·가재로 살아도 행복한 세상을 만드는 것"이라고 말한다. 하지만 젊은 능력주의 신봉자들에게 이런 말은 그저 '개천 환경을 개선할 테니 영원히 가붕개로 살라'는 저주로 들릴 뿐이다.

어느 인터뷰에서 그는 "본인의 가치와 아이의 행복이 충돌할 때 결국 아이를 위해 양보하게 되더라"고 토로한 바 있다. 그가 문서까지 위조해가며 제 딸을 용 만들려고 한 것은 개천의 가붕개로는 '행복'할 수 없다고 믿었기 때문이리라. 결국 가붕개로 살아도 행복한 세상이란 저 자신도 믿지 않는 구호였던 셈이다. 승천의 꿈을 포기한 대가로 주겠다던 그 알량한 평등마저 위조였으니 분노할 수밖에.

20대가 입시·병역·취업의 문제에 민감하다면, 바로 윗세대의 아킬레스건은 부동산이다. '부동산 3법'이 통과되었을 때 그 튼튼하던 3~40대의 대통령 지지율마저 흔들렸다. 다른 이슈들에서는 관대했던 그들도 집 사는 문제에 관련된 '공정'만은 양보할 수 없었던 것이다. 가장 진보적이라는 3~40대도 이미 '집 없이도 살 수 있는 세상'을 믿지 않는다. 그들의 욕망은 '내 능력으로 집을 살 수 있는 세상'에 있다.

청와대 수석부터 똘똘한 한 채는 포기 못한다. 진실은 그들의 말이 아니라 행동에 있음을 대중은 안다. 믿을 것은 평등을 약속하는 정부의 말이 아니라 불패를 자랑하는 부동산의 신화다. 3~40대에게 '집 없이도 행복한 세상'이라는 구호는 윗세대들의 기득권 굳히기일 뿐이다. 행복은 강남의 아파트에 있는데, 자기들은 일찌감치 강남에 행복을 마련해놓고 우리만 못 사게 하니 화가 날 수밖에.

그놈의 공정

어느 진보 지식인의 말은 공정의 화두를 대하는 정권과 지지층의 멘탈리티를 잘 보여준다. "이게 왜 불평등의 문제와 관련되는지, 왜 검란이나 의란을 제압하지 못하면 사회가 무너져 내릴 수밖에 없는지, 그놈의 '공정'의 문제라는 게 얼마나 위험한지, 정치가 어떻게 '다른 수단에 의한 전쟁'인지, 그 전쟁을 어떤 인간들이 일으키고 있는지, 어떻게 해야 이 더러운 전쟁에서 이길 수 있는지."

한마디로 '어떤 인간들'이 평등이라는 신성한 대의에 대항해 '그놈의 공정'을 앞세워 '더러운 전쟁'을 일으켰다는 이야기다. 공정의 지배를 그는 "능력의 전제/횡포the tyranny of merit"로 규정한다. 근데 왜 평등을 위해 절차의 공정이 희생되어야 하나? 유력자의 딸이 시험 한번 없이 의사가 되는 게 평등인가? 수사 잘하는 검사 좌천시키고 아부 잘하는 검사 승진시키는 게 평등인가?

자기들도 믿지 않는 평등의 위선. 명분을 쥔 자신들이 정의라는 독선. 절차의 공정을 무시하는 반칙과 특권. 이 못된 짓에 이의를 제기하면, 그들은 그것을 진압해야 할 반란으로 여긴다. 그들에게 공정의 요구란 평등사회를 가로막는 수구 세력의 '더러운 전쟁' 일 뿐. 이념적 착란과 군사주의 마인드가 겹쳐 공정에 관한 논의는 졸지에 '능력의 전제/횡포'에 맞서는 아마겟돈의 결전이 되었다.

그 모든 "불공평은 조국 후보가 아니라 한국 사회의 계층구조와 입시제도가 만든 것"(《검찰개혁과 촛불시민》)이란다. 그래서 입시 제도를 바꾸는 교육개혁(?)이 이루어졌다. 서 일병의 휴가는 규정에 따랐단다. 그 덕에 여친의 카톡으로 휴가 연장이 가능하게 국방개혁(?)도 이루어졌다. 이것이 그들의 '개혁'이다. 허구의 평등으로 그들은 공정을 진압했다. 그 덕에 우리는 평등도, 공정도 없는 세상에 살게 되었다.

02

20대는 왜 '국힘'으로 갔는가

"얘들아, 문재인 찍은 거 후회하는 건 이해할 수 있는데, 그 마음을 갖고 오세훈 유세 차량에 오르는 게 이해가 안 되는 거야. 정부가 투기 세력 못 잡았다고 투기 세력 차량에 오르면 어떡해. 그 차량 내곡성에서 온 거 정말 모르겠어?" 진보언론 출신의 친문 인플루언서인 허재현 기자의 말이다.

20대는 돌대가리?

20대의 젊은이들이 국민의힘 유세 차량에 오르자 약이 잔뜩 올랐나보다. 그들을 "바보"라 부르며 지지자들에게 당부한다. "얘네들 얼굴 잘 기억했다가 취업 면접 보러 오거든 반드시 떨어뜨리세요. 건실한 회사도 망하게 할 애들입니다. 국민의힘 지지해서 문제가 아니라 바보라서 문제입니다."

20대와 40대 사이의 세대 단절을 이보다 더 극명하게 보여줄 수 있을까? 여기서 20대는 면접생으로, 대깨문의 주축 40대는 면접관으로 표상된다. '민주주의'를 외치던 40대가 벌써 그 알량한 권력으로 '취업'에 목매는 젊은 세대에게 자기들의 정치적 선택을 강요하는, 그런 존재가 된 것이다.

친문 인플루언서 류근 시인은 20대에서 오세훈 지지율이 높게 나오자 이렇게 말했다. "20대 청년이 그 시간에 전화기 붙들고 오세훈 지지한다고 뭔가를 누르고 있으면 얼마나 외로운 사람인가." 그런 20대를 그는 "돌대가리들"이라 부르며 "공동체 발전에 도움이 안 된다"고 덧붙인다.

박영선 후보는 20대의 역사의식 부족을 탓한다. "20대의 경우 과거 역사 같은 것에 대해서는 40대와 50대보다는 경험치가 낮지 않나." 여기서 나오는 결론은 빤하다. '우리가 20대에게 역사를 가르쳐야 한다.' 그런데 20대가 제일 싫어하는 것이 마침 자기들을 가르치려 드는 '꼰대'들이 아닌가.

국민의힘으로 간 20대

그 반감 때문일 게다. 국민의힘 '2030 유세단'에는 수백 명의 젊은이들이 몰렸다. 반면 박영선 캠프에서는 지지 연설을 해줄 젊은 이들을 구하지 못해 애를 먹은 모양이다. 맞불을 놓으려 유세차량에 '30대 여성 시민'과 '28세 대학원생'을 올렸지만, 알고 보니 둘 다 민주당 당직자였다고 한다.

이른바 '20대 개××론'은 새로운 게 아니다. 〈나는 꼼수다〉 멤버 김용민은 2009년 정치 참여가 저조한 20대를 "너희에게는 희망이 없다"고 저주하며, 촛불을 들었던 10대 소년·소녀들만이 희망이라고 추켜세웠다. 근데 그가 희망이라던 촛불 소년·소녀들이 지금 20대가 되어 국민의힘 유세차량에 올랐다.

민주당에서는 20대의 지지가 저조할 때마다 그들의 무지를 탓하곤 했다. 2019년 설훈 국회의원은 "기본적으로 교육 문제"라며

"이명박·박근혜 정부 시절 학교 교육을 받았는데 그때 제대로 된 교육이 되었을까 하는 의문이 든다"고 했다. 박근혜 정부라면 진보교육감 시절이다. 반성이라곤 조금도 없다.

50대 시인이 묻는다. "정상적 사고력을 가진 사람이라면 어찌 오세훈, 박형준 같은 추물들을 지지할 수 있나."(류근) 20대 인턴이 답한다. "우리가 오세훈을 찍는 것은 오세훈이나 국민의힘이 좋아서가 아니다. 지난 반성의 모습을 봤고 고쳤다면 재(민주당)보단 낫겠다 판단해서 기회를 주는 것이다."

세대라는 기억의 공동체

한 세대의 정치적 정체성 형성에 결정적 역할을 하는 것은 그 세대가 공유하는 역사적 기억이다. 지금 60대 이상의 세대에게 그것은 1960~70년대 산업화의 추억. 이 산업화 서사가 한국 보수를 지탱해온 역사적 기억이다. 50대가 된 전대협 세대에게 그것은 물론 1980년대 민주화운동의 기억이다.

40대는 한총련 세대로, 이들 학창시절에 사회주의는 몰락하고 민주화는 제도적으로 완성된 상태였다. 이들의 정치적 기억은 주로 '노사모'나 노무현 전 대통령의 죽음에 관한 것이다. 탈이념화한 이들이 이념화한 선배 세대보다 극렬한 것은 책이 아니라 〈나는 꼼수다〉와 유튜브로 정치를 배웠기 때문일 게다.

2030 세대는 완전히 다른 정치적 주체들이다. 이들은 포스트 운동권 세대로, 그 성향이 집단주의적이 아니라 개인주의적이다. 이들이 가진 정치적 기억이라곤 탄핵 촛불시위뿐이다. 이 기억을 그들은 4050 세대와 공유한다. 하지만 그 승리의 기억마저 4050 세대에게 빼앗겼다고 느낀다. 2030 세대는 민주화의 기억도 없듯이 독재의 기억도 없다. 그래서 '역사의 경험치가 낮다'는 소리를 들은 것이다. 2030 세대는 사회에서 4050 세대를 직장 상사로 만난다. 당연히 그 경험이 좋을 리 없다. 그래서 그들은 한 세대 건너 60대와 정치적 선택을 같이하는 데에 거부감이 없거나 덜하다.

국민의힘의 탈극우화

2030 세대가 스윙보터swing voter가 된 것은 당연한 일이다. 이들은 이 나라의 정치적 정체성을 규정해온 두 서사, 즉 산업화와 민주화의 기억에서 모두 자유롭기 때문이다. 이들과 60대 사이에도 엄청난 간극이 존재한다. 지금은 잠시 60대와 함께하지만 이들은 언제라도 4050 세대에 합류할 수 있다.

국민의힘은 산업화의 기억에 유폐된 상태에서 벗어나려고 나름 노력해왔다. 지도부는 광주 진압과 두 대통령의 과오를 사과했고, 지지자들은 유세장에 태극기를 들고 오는 일을 삼갔다. 그러자 정청래 국회의원이 "황교안 나오라"고 한다. 자기들에게 익숙한 대립구도가 그리웠던 모양이다.

민주당은 자신을 4050 세대의 기억에 유폐해 국정 운영을 수구 세력, 쿠데타 세력과 싸우는 민주화운동으로 표상하며 제 비리에 대한 비판을 적들의 음모로 치부해왔다. 그들의 이런 행태를 운동권 정체성이 없는 중도층, 민주화의 기억이 없는 2030 세대가 이해할 리 없다. 그러니 떠날 수밖에.

능력주의의 문제

박노자 교수는 국민의힘 유세차량에 오른 젊은이들이 "본래 극우 쪽에 섰던 분들"이라고 말했다. 비록 망언이지만 그의 진단에 새겨들을 부분이 없지는 않다. "이들이 생각하는 '공정'은 시민적 '정의'라기보다는 경쟁에서의 승패 결과를 합리화하면서 경쟁 자체를 의심하지 않는 그런 개념이다."

맞다. 2030 세대는 기회의 평등과 결과의 정의를 믿지 않는다. 금수저-흙수저의 신분 차이는 '운명'으로 여기고, 공정한 경쟁의 결과로 빚어진 격차는 기꺼이 인정하려 한다. 그러니 경쟁의 공정성만은 지켜달라는 것이다. 2030 세대의 서사는 이 능력주의, 즉 개별적 경쟁의 이데올로기다.

박노자 교수는 말한다. “순리대로라면 문재인 정권에 실망한 젊은 피해자들은 오른쪽 끝자락이 아니고 왼쪽으로 와야 한다.” 맞다. 그런데 그 ‘왼쪽’에 가 있는 사람들이 제 자식 입에 금수저 물리고, 강남에 아파트 사고, 그걸로도 모자라 부정 입학으로 과정의 공정마저 해쳤다. 거기에 분노하면 ‘극우’인가?

“신자유주의 피해자들이 자기 손으로 신자유주의 적폐 정권의 탄생에 일조하는 웃지 못 할 비극”이란다. 좌파들이 품앗이로 자식 스펙 만들어주고, 부동산으로 자산 격차 만들어 물려주는 사회에서 ‘난 내 실력으로 할 테니 공정한 경쟁이라도 하게 해달라’고 요구하는 게 그렇게 지탄받을 일인가?

2030 세대를 위한 서사

50대야 취직 걱정 없었고 40대야 운 좋게 집이라도 장만했으니 ‘나라’ 걱정하는 사치라도 누리지만, 비정규직과 무주택의 현실에서 2030 세대에게 허용된 것은 깜깜한 ‘내’ 앞날 걱정뿐. 문제의 사회적 해결을 외치는 좌파마저 일상에선 개별적 처신을 꾀한다. 자기들도 안 믿는 이야기를 2030 세대가 믿겠는가?

물론 과정만 공정하다고 될 일이 아니다. 금수저 문 아이와 흙수저 문 아이가 공정하게 경쟁한들 결과는 빤하다. 경쟁이 공정했다고 승자가 결실을 독식하는 것도 바람직하지 않다. 이것이 능력주의의 한계다. 하지만 이를 극복하려면 자기들부터 기회의 평등, 결과의 정의를 믿고 실천했어야 한다.

그들의 고통을 해결해주지 못할 거라면 그냥 목소리라도 들어주면 안 되나? 2030 세대가 보수당의 유세차량에 오른 것은 그 당이 문제를 해결해줄 거라 믿어서가 아니다. 보수가 이들에게 진짜로 지지를 받으려면 그들의 목소리에 귀 기울이고, 그들과 함께 능력주의의 대안 서사를 고안해야 한다.

386 세력이 주류가 되는 데에 20년이 걸렸다. 다시 20년 후엔 2030 세대가 주류가 될 게다. 보수든 진보든 권력을 잡으려면 이들을 잡아야 하고, 그러려면 산업화·민주화라는 두 근대화 서사 '이후의 서사'를 써야 한다. 그런 마당에 '20대 개××론'이나 펴고 있으니 민주당도 과거의 저 당처럼 폭삭 늙은 모양이다.

03

남한 청년과 북한 노인

"민주당이 2030 남성의 표 결집력을 과소평가하고 여성주의 운동에만 올인했으니 이런 결과가 나온 것이다." 국민의힘 이준석 전 최고위원의 말이다. 20대 남성으로부터 72퍼센트에 가까운 몰표를 받자 잔뜩 고무된 모양이다. 그는 이를 '이대남(20대 남성)'의 반여성주의에 편승해온 제 전략이 주효한 결과로 푼다.

젠더에 반응한 것은 '이대녀'

이는 순전히 그의 개인 이데올로기로서 객관적 근거로는 뒷받침되지 않는다. 여론조사에서 유권자의 61퍼센트는 '집권 여당이 잘못해서' 국민의힘을 찍었다고 대답했다. 18퍼센트는 성추행을 한 '전임 시장의 잘못에 대한 심판'이라고 답했다. 유권자의 79퍼센트가 민주당이 싫어 야당에 표를 줬다는 이야기다.

실제로 긍정적 이유에서 국민의힘을 선택했다는 답변은 극히 적었다. '정책과 공약이 좋아서'(3퍼센트), '후보가 좋아서'(3퍼센트), '정당활동을 잘해서'(1퍼센트), 다 합쳐 7퍼센트에 불과하다. 이준석의 반여성주의 캠페인이 이 중 어느 항목에 속할지 모르겠으나, 그 영향은 무시해도 좋을 양에 불과하다.

의식조사에서 20대의 성평등의식은 다른 세대보다 외려 나은 것으로 나타난다. 남녀 간 인식 격차도 다른 세대와 큰 차이가 없다. 그런데도 과잉 대표되는 인터넷 목소리들 때문에 착시에 빠져, 다들 성추행으로 인한 선거에서 고작 반여성주의의 교훈을 배우는 해괴한 일이 벌어진 것이다.

사실 젠더 이슈에 반응한 것은 이대남이 아니라 '이대녀(20대 여성)'들. 그들 중 15퍼센트가 민주당도 국민의힘도 선택하지 않았다. 이대녀에게서 국민의힘은 민주당보다 적은 표를 얻었다. 요인은 '젠더'밖에 없다. 즉 이대녀들이 민주당에 실망을 했다면 국민의힘에는 아예 기대 자체를 안 하는 것이다.

여성할당을 없애자?

왜 그럴까? 국민의힘에서 젊은 축에 속하는 이준석의 말을 들어보자. "이공계 여성 학생의 비율이 20퍼센트인데 국가장학금의 35퍼센트는 여성에게 주라고 칸막이를 세워버리면 이게 공정인가 불공정인가." 한마디로 기계적 공정을 위해 구조적 불평등을 보정하는 장치들을 없애자는 이야기다.

그런 논리라면 비례대표 1번을 여성에게 주는 것은 공정인가 불공정인가? 여성만의 문제가 아니다. 청년 할당은 어떤가? 그저 젊다는 이유만으로 공천을 주는 것은 공정인가 불공정인가? 기존 정당에서 '박근혜 키즈'가 아닌 평범한 청년이 '공정한' 경쟁을 통해 공천을 받을 확률은 제로에 가깝다.

지역·성별·인종에 따른 차별을 보정하는 제도로 불이익을 보는 개인은 당연히 그것을 부당하다고 여길 것이며, 그 감정은 정당하다. 그럼에도 그 제도가 필요한 것은 그로 인한 '사회'의 이익이 더 크기 때문이다. 고로 갈등은 불가피하며, 그것을 조정하는 활동을 우리는 '정치'라 부른다.

포퓰리스트는 그 갈등을 조정하는 게 아니라 이용하려 한다. 그들은 한 계층의 좌절을 특정 집단에 대한 분노로 유도해 표를 챙기면서 그들을 좌절시킨 그 상황은 영속화한다. 그로써 좌절을 잠시 잊게 할 수는 있을지 모르나 상황에 변함이 없는 한 그 좌절은 더 깊어질 뿐이다.

좌절의 진짜 원인은

20대 젊은이들이 당하는 고통의 원인이 무엇인지를 놓고는 대체적인 합의가 존재한다. 양질의 일자리 감소와 대기업·중소기업의 임금격차, 그리고 교육의 양극화로 인한 계층 사다리 소멸. 언제부터인가 한국이 세습 사회로 변모해 젊은 세대가 가망 없는 경쟁에 내몰린 것이 원인이다.

포퓰리스트들은 '원인'을 찾아 고치는 대신에 '범인'을 지목해 공격하는 식으로 문제를 피해간다. 그렇게 범인으로 호출된 것이 여성주의. 이대녀는 이대남과 똑같은 고통에 일상의 성차별까지 받는데, 군가산점 도입하고 여자들 징집하고 여성할당제를 폐지하는 식으로 문제가 풀리겠는가?

이대남은 여당의 페미니즘 정책(그런 게 있었나?)에 반발해 야당을 찍은 것이 아니다. 그저 청년실업률 10퍼센트의 현실을 해결하지 못하는 정부의 무능, 평등을 외치며 공정마저 무너뜨린 여당의 위선을 심판하기 위해 제1야당에 표를 준 것뿐이다. 그 요구를 정직하게 받아 안아야 한다.

젠더 이슈에 민감한 이대녀들은 국민의힘을 선택하지 않았다. 그럴 만하다. 여성단체의 질의에 "시대착오적 페미니즘을 강요하지 말라"며 '답변 거부'했다고 아예 자랑하는 당에 어떻게 표를 주겠는가. 그래서 민주당을 떠난 15퍼센트가 국민의힘 대신 페미니스트 군소정당으로 간 것이다.

잘못된 진단, 그릇된 처방

이대남의 표는 바람의 힘으로 겨우 담에 붙어 있는 종이와 같다. '심판'의 바람이 멈춘 후에도 종이가 담에 붙어 있으려면, 그들이 당하는 고통의 진짜 원인을 직시하고 거기에 정직한 해법을 내놔야 한다. '이 당에도 답이 없다'는 사실을 확인하는 순간 그 지지는 신기루처럼 사라질 게다.

범인을 지목하는 것으로 이대남들의 분노를 잠시 풀어줄 수는 있을 게다. 하지만 그것은 문제의 해결이 아니라 회피다. 본질적 문제를 감춰둔 채 그들로부터 지속적 지지를 받을 수는 없다. 반여성주의 캠페인은 국민의힘으로 올 수도 있었던 이대녀 15퍼센트를 민주당으로 되돌릴 뿐이다.

20대 남성들의 정치의식이 4~50대의 남성과 다르듯이 20대 여성들도 윗세대의 여성들과 달리 성평등의식을 강하게 표출한다. 지금 10대들이 20대가 되면 성평등의식을 더 자유로이 표출할 것이다. 언젠가 이들이 인구의 50퍼센트를 차지할 텐데, 이들을 적으로 돌리는 정당은 희망이 없다.

민주당도 다르지 않다. 이대남 표를 잡겠다고 이미 위헌판정을 받은 '군가산점'과 '여성징집'을 떠든다. 자신들의 진짜 오류엔 눈을 감고 반여성주의 물결에 편승해 전도된 해법을 제시하는 것이다. 계속 그렇게 변태짓을 하면 간신히 붙어 있는 이대녀들마저 곧 민주당을 떠날 게다.

태영호 의원의 정치감각

여야를 통틀어 제정신 가진 정치인은 국민의힘 태영호 국회의원밖에 없다. "20대 남성이 국민의힘을 지지했다기보다는 민주당 지지를 철회했다고 보는 게 맞을 것이다. 다가가려는 노력만으로는 부족하다. 청년들의 고충인 취업·주택·공정 등의 문제에서 정책적·구조적 변화를 가져와야 할 것이다." 이어서 그는 이렇게 덧붙인다. "20대의 마음을 이끌었다는 안도보다는, 왜 여전히 '이대녀'들의 표심을 얻지 못했는지 고민해봐야 할 것이다." 정치적으로도 올바르고, 전략적으로도 현명한 판단이다. 어떻게 남한에서 나고 자란 청년의 감각이 북한에서 온 노인의 그것만도 못한가.

선거 직후 이준석은 "4년간의 노력이"이 결실을 맺었다고 썼다. 선거 승리를 자신이 4년에 걸쳐 페미니스트와 벌여온 전쟁의 성과로 오독한 것이다. 하지만 남녀 불문 모든 연령에서 민주당을 압도한 국민의힘이 왜 유독 이대녀에게서만 뒤졌을까? 거기에 그의 반여성주의도 한몫 했을 게다.

누구의 길을 갈 것인가

'야당은 여당의 실수를 먹고산다'지만 남의 실수를 먹는 데에도 실력이 필요하다. 이번에 중도가 국민의힘에 붙은 것은 김종인 비대위에서 5.18과 두 대통령에 대해 사과하고 경제민주화·기본소득·성평등을 강조한 새 정강정책을 마련한 덕이다. 여기서 퇴행하면 실수도 주워 먹지 못하게 될 게다.

인터넷에 흘러넘치는 반여성주의 언설은 여론이 아니다. 그것들은 애초에 공론장에 들여올 만한 게 못 된다. 얼마 전 어느 편의점 주인이 알바 채용 공고에 '페미니스트 사절'이라고 적었다. 영웅으로 칭송받기는커녕 그는 빗발치는 비난에 사과해야 했다. 이게 여론이요, 이게 공론이다.

혐오는 좌절의 산물이다. 정치인이라면 반여성주의로 표출되는 그들의 분노를 합리적으로 가다듬어 올바른 정치적 요구로 정식화할 줄 알아야 한다. 백인 하층의 좌절을 이민자에 대한 혐오로 바꿔 집권한 트럼프. 그게 오래 가겠는가? 기어이 미국을 망가뜨리고 재선에 실패했다.

이준석의 말과 달리 민주당은 페미니즘에 올인한 적이 없다. 심지어 그 당의 페미니스트들마저 박원순에 관해선 반여성주의적으로 행동했다. 그들의 태도는 이준석의 캠페인에 환호하는 이들이 평소에 가진 생각과 다르지 않았다. '왜 피해자 말만 듣고 남성을 가해자로 단정하는가?'

다른 진단과 처방을 내놓은 이준석과 태영호. 어느 길을 갈 것인가? 답은 명확하다. 이준석은 틀렸고, 태영호가 옳다. 야당은 태영호의 길을 가라. 차별하는 자, 차별받는다. 차별받으니 차별하는 것이다. 남녀 갈라친다고 해결될 일이 아니다. 여성해방 없이 남성해방 없고, 그 역도 성립한다.

04

포퓰리즘 대신에 정책을

10여 년 전에 똑똑한 보수의 두 청년에게 '공부를 하라'고 권고한 적이 있다. 그중 한 명이 바로 이준석. 여전히 나는 그를 아낀다. 근데 그가 이상한 길로 가고 있다. 지적을 해도 듣지 않는다. 애정이 담긴 조언이라도 듣지 않으려는 이에게 억지로 하는 것은 민폐. 이게 마지막이다.

이준석의 포퓰리즘

먼저 여성에 대한 그의 뿌리 깊은 편견을 지적하고 싶다. 《중앙일보》 지면에서 그는 해괴한 소리를 했다. 여성할당제의 수혜자인 세 여성 장관이 무능해 이 나라의 민생이 무너졌단다. 그게 다 "최고 실력자를 기용하지 않고 수치적 성평등에 집착"한 결과라는 것이다. 이걸 말이라고 하는가.

김현미 전 국토부 장관의 후임인 변창흠 장관은 어디 남자라서 유능하고, 추미애 전 법무부 장관의 전임 조국 전 장관은 유능해서 나라를 두 토막 냈는가. 게다가 민생의 책임을 왜 여성 교육부총리에게 묻는가? 이 나라 민생을 책임진 것은 총리와 대통령. 모두 남성이다. 역대 정권의 무능한 장관들 역시 대부분 남성들이었다.

'시대착오'라는 여성할당제는 OECD 모든 국가에서 시행하는 제도다. 그 덕에 내각과 의회에서 여성 비율이 OECD 평균 30퍼센트에 이르게 되었다. 한국은 10~20퍼센트 안팎이다. 다른 나라들은 2030년까지 완전한 성비를 이룬다는 것을 목표 삼아 나아가는데, 저 혼자 시대착오에 빠져 과거로 가고 있다.

선진국에선 왜 할당제를 할까? 첫째, 인구의 절반이 공적 결정에서 제대로 대의되지 못하는 것이 옳지 않기 때문이다. 둘째, 여성이 섞이면 집단의 지능이 향상된다는 연구 결과가 있다. 이준석은 '수치적 성평등'을 비효율로 보나, 성평등은 외려 조직의 효율과 생산성을 증가시킨다.

성평등은 생산성을 증대한다

골드먼삭스의 2019년 보고서는 성 격차를 해소할 경우 한국의 GDP가 14.4퍼센트 늘어날 것으로 예측했다. 일본에서도 여성 관리자 비율이 높은 회사의 매출이나 수익성이 평균 대비 높다. OECD의 다른 국가들도 마찬가지다. 이는 여성의 능력이 떨어진다는 남성들의 편견을 무색하게 한다.

OECD에서 할당제는 국가경쟁력 제고 방안으로 여겨진다. 작년에 보수당이 주도하는 독일의 연립정부는 "상장기업이 여성 이사를 자발적으로 선출하도록 유도하려던 정책은 실패했다"며, 기업의 반발에도 3인 이상 이사를 두는 기업엔 반드시 1인 이상 여성을 두도록 의무화했다.

이준석에게는 이 상식이 없다. 결핍된 교양을 남초 사이트에서 주워들은 소리로 때우고 있는데, 그런 이야기는 애초 공론의 장에 들여올 게 못 된다. 남초 사이트에서는 환호 받을지 모르나, 공론의 장에서는 무식하다는 소리를 들을 뿐. 그래서 만날 때마다 공부하라고 했던 것이다. 그는 할당제를 '제로섬 게임'으로 보나, 원래 그것은 '윈윈 게임'이다. 성 격차를 없애 GDP가 14퍼센트 증가하면 그것은 남녀 모두의 일자리로 돌아오기 때문이다. 그나마 잘 지켜지지도 않는 이 제도마저 없애면 GDP 증대 효과는 기대할 수 없게 될 터. 이걸 공당의 정책이라고 내놓는가?

그는 무엇을 주려고 하는가

그가 이대남에게 주는 메시지는 알량하기 짝이 없다. 한국이 2030 세대를 장관이나 기업의 임원 시켜주는 쿨한 나라던가? 어차피 여성할당제는 2030 세대와는 별 관계없고, 남은 것은 이공계 장학금, 기관이나 지자체 지원사업에서의 가산점 등 몇몇 산발적인 예들뿐이다. 그거 없앤다고 이대남의 처지가 달라지나?

이준석이 문제 삼은 이공계 장학금 여학생 할당 규정. 그 제도는 여성들의 이공계 진학률을 30퍼센트로 끌어올리는 계획의 일환으로 2014년 박근혜 정권에서 도입한 것이다. 그게 문제라면 '박근혜 키즈'인 본인이 해명할 일이다. 도대체 박근혜 정권보다 더 후퇴해서 어쩌자는 이야기인가?

이공계에 여학생 비율을 늘려야 하는 것은 여성들의 이공계 기피가 임금격차로 이어지기 때문이다. '수학은 여자에게 어울리지 않는다Math is not for girls'라는 편견을 둘러싼 논쟁. 그 결론은 여성들의 이공계 기피를 초래하는 교육환경이나 사회적 조건을 개선해야 한다는 것이었다. 가산점이나 할당제는 특정 성性의 참여를 장려하는 데에 필요한 정책이다. 여초가 심한 곳에서는 남성의 참여를 장려하는 가산점이나 할당제가 적용된다. 현재 대다수 교대에서는 여학생 비율이 60~80퍼센트 넘지 못하게 제한한다. 아예 입학 시 특정 성을 우대하는 예가 이것 말고 또 있던가?

이미 성평등을 이루었다?

마이클 샌델의 《정의란 무엇인가》만 읽었어도 할당제를 없애자는 소리는 할 수 없을 게다. 개나 소나 다 읽은 이 책을 이준석은 아직 안 읽었단다. 그러더니 내게 그 대신 '뚜웨이밍Tu Weiming'이라는 학자의 이름을 판다. 검색해보니 신유교주의의 주창자란다. 그런데 이분의 사고가 많이 이상하다.

어느 책을 보니 이분이 "대학의 거의 모든 학과에서 여성이 남성을 추월했다"며 대만의 교육이 곧 "여성 지식인들에게 장악"될 거라고 말했단다. 현실과는 동떨어진 이야기다. 그 저자는 뚜웨이밍을 이렇게 평한다. "그는 '이젠 남자가 여자에게 역차별 당한다' 고 말하는 중국 대륙의 남자처럼 군다."

이준석 역시 2030 세대에서는 외려 남성이 역차별을 당한다고 말한다. 하지만 캔자스주립대학교 김창환 교수의 연구에 따르면 한국의 20대 여성은 학과·학점·스펙이 똑같은 남성 대비 82.6퍼센트밖에 못 벌고 있다. 이대녀는 성 격차가 본격화하는 경력단절 이전부터 이미 차별을 받고 있다는 이야기다.

2030 세대에서 남성의 역차별을 말할 정도로 성평등이 이루어졌다는 것은 순수 판타지다. 현재 공기업이든 사기업이든 여성이라 해서 가산점을 주는 예가 있던가. 반대로 기업에서 출산·육아로 기업에 부담을 준다고 시험점수를 조작해 여성들을 떨어뜨렸다가 적발된 예는 몇 차례 있었다.

왜 사소한 것에 분노하는가

그들을 분노케 한 가산점들을 모아봤다. '2017년 서울창업허브 예비창업기업 육성프로그램'(0.5점), 경기도경제과학진흥원 '2018년 소상공인 특화기술개발지원사업'(1점), '창업프로젝트'(3점), '반려동물산업 창업지원'(3점), 과학기술정보통신부 'K-Global 창업 멘토링 지원사업'(2점). 달랑 이게 전부다.

창업 분야에서 과소 대표되는 여성의 참여를 장려하기 위한 제도이리라. 달랑 이 몇 개 프로젝트의 여성 가산점에 그토록 분노한다면, 남성할당제로 아예 입학하는 여학생 수를 제한하는 교대 입시에는 광분해도 모자랄 일이다. 하지만 여성들은 군말 없이 이 불이익을 수용하지 않던가.

'나는 왜 사소한 일에만 분노하는가?' 간단하다. 거대한 일엔 분노가 허락되지 않기 때문이다. 2030 세대를 좌절시킨 것은 거대한 사회구조. 알기 힘든 이 추상적 구조에 대한 분노를 그들은 여성이라는 구체적 존재에 투사하는 것이다. '페미니스트'는 그들을 좌절시킨 그 구조의 의인화다. 할당제나 가산점을 없애면 가능할 수도 있었을 GDP 14.4퍼센트 증대, 거기서 창출될 일자리는 포기해야 한다. 그들이 좌절과 분노를 여성에게 대리 분출하는 것을 부추길 때, 이준석은 그들의 이야기를 들어주는 것이 아니다. 외려 그들의 절규를 무시하고 상황을 악화시키고 있을 뿐이다.

포퓰리즘

황교안 전 자유한국당 대표도 거기에 숟가락을 얹는다. "문재인 정부는 일반 국민이 부자 되는 꼴을 결단코 보지 못하는 듯하다." 늙으나 젊으나 무책임하기 짝이 없다. 2030 세대 문제의 대책이 고작 빚내서 가상화폐 사라는 것인가? 코인 사는 젊은이가 외국의 다섯 배다. 언제 터질지 모르는 시한폭탄이거늘.

젊은이들이 가상화폐에 매달리는 것은 그것밖에 길이 없기 때문이다. 일자리는 줄어들고, 취직해도 근로소득으론 집을 살 수 없다. 성실하게 일만 하고도 먹고살 수 있게 해줄 방안을 내놔야지, 이대남의 분노는 여성에게 돌리고, 좌절은 가상화폐로 풀어주는 게 공당에서 할 짓인가.

이준석이 이대남 표심을 안티페미니즘의 표출로 푸는, 아무도 동의하지 않는 해석을 고집하는 것은 당 내의 입지를 위한 개인 이데올로기일 뿐. 그의 안티페미니즘 캠페인은 국민의힘으로 올 수도 있었을 2030 세대 여성들을 '영원히' 내칠 뿐이다. 그는 제 이익을 위해 당의 이익을 해치고 있다.

김병민 정강정책위원장이 국민의힘의 공식입장을 밝혔다. "양성평등 사회의 실질적 구현을 위해 남녀가 기회를 동등하게 보장받도록 해야 하며, 정치를 비롯한 공적 영역에서 성별의 대표성을 확보하도록 남녀 동수를 지향한다." 이게 정답이다. 당을 위해서라도 이준석은 일탈을 멈춰야 한다.

마치며

이제는 변화해야 한다

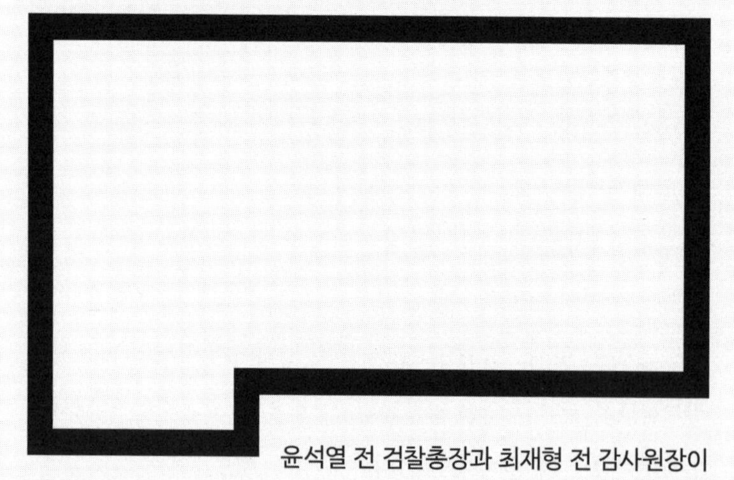

윤석열 전 검찰총장과 최재형 전 감사원장이 국민의힘에 입당함으로써 이번 대선에서 '제3지대' 정치 세력이 영향력을 발휘할 여지는 좁아졌다. 특히 지난 재보선에서 압승을 함으로써 국민의힘 내부에서는 굳이 중도층과 연합하지 않더라도 독자적으로 승리할 수 있다는 낙관론이 팽배하다.

에이리언과 프레데터

밖에 아직 안철수 국민의당 대표가 남아 있지만, 그 역시 서울 시장에 출마하며 대선엔 나서지 않겠다고 약속한 터. 설사 출마를 해도 정치적 정당성에 흠집이 생길 수밖에 없다. 김동연 전 경제부총리는 기성정당에 기대지 않고 독자의 길을 가겠다고 하나, 이번 대선에서 유의미한 세를 얻기는 어려워 보인다.

게다가 지금은 더불어민주당이나 국민의힘이나 대선후보 경선 레이스를 벌이는 중이다. 어느 당에서든 후보 경선에서는 집토끼를 잡기 위해 모든 후보가 경쟁적으로 강경한 논조를 사용하기 마련이다. 핵심 지지층에게 이념적 선명성을 과시해 자신을 제 진영의 대표 주자로 자리매김하려 하기 때문이다.

집권 여당은 여전히 '대깨문'의 저주를 벗어버리지 못했다. 다시 그들을 동원하기 위해 언론중재법을 강행 처리하려 한다. 언론단체와 시민단체, 법학계와 언론학계, 해외 언론과 UN에서 비판하고, 심지어 청와대에서까지 우려를 표명하는 판에 이재명, 이낙연 후보는 대깨문 표를 의식해 그 악법을 지지하고 나섰다.

제1야당도 다르지 않다. 정당 사상 최초로 30대 대표를 뽑아놓고 정당 혁신과 세대교체를 했다고 한껏 고무된 것이 바로 몇 달 전. 그 분위기는 어디로 가고 벌써 다중 분열의 상태에서 '대표 리스크'를 이야기한다. 대표의 생물학적 연령이 젊어진다고 어디 당이 젊어지던가. 그 당의 연령에는 아직 변함이 없다.

국민의힘 대선후보들의 공약은 대체로 박근혜 정권 시절의 '줄·푸·세'(세금을 줄이고, 규제를 풀고, 법질서를 세운다)에 머물러 있다. 원희룡 후보의 '반반 아파트' 공약과 '국가 찬스'라는 표현 정도가 인상적일 뿐, 전반적으로는 '여성가족부·통일부 폐지', '핵 공유', '사형제 부활' 등 젊은 안티페미와 늙은 보수를 겨냥한 퇴행적 구호 일색이다.

대안이어야 할 정의당은 패스트트랙과 조국 사태를 거치면서 이미 유권자들 사이에 정치적 신뢰를 잃은 상태. 반성은 한다고 하나 과거의 신뢰를 되찾기까지는 아직 시간이 필요하다. 게다가 이번에도 심상정 의원이 다시 나선단다. 이편도, 저편도 들 수 없는 이들의 선택지마저 사라진 셈이다.

대선 구도가 급속히 '민주당 대 국민의힘'으로 짜이면서 중도층의 자리는 좁아졌다. 진영을 떠나 한동안 중도에 머물러 있던 이들 중 상당수는 체념한 채 과거에 자신이 속했던 진영으로 돌아가고 있다. 결국 중도와 보수의 연합으로 치러진 재보선과 달리 이번 대선은 '51 대 49'의 싸움이 될 것으로 보인다.

그동안 중도는 밖에서 여당과 야당 모두에 변화와 혁신을 압박하는 역할을 해왔다. 민주당이 송영길 대표 체제 아래에서 일시적으로나마 강경노선을 완화하려고 한 것이나 국민의힘에서 30대의 젊은이를 대표 자리에 앉힌 것은 그 압박의 결과였다. 그러나 이제 그 효과마저도 기대하기 어려워졌다.

어떻게 보면 야당에게 이번처럼 쉬운 선거도 없다. 여당이 강성 지지층에 편승하느라 중원을 통째로 비워놓았다. 거기에 들어가 말뚝만 박으면 바로 제 땅이 되는데, 야당은 미드필드에서 철수해 제 골문 지키기에 들어갔다. 중도층의 마음을 사로잡을 단 한 줄의 문장을 발명하는 게 그렇게도 힘든가?

이번만큼 '미래'가 통째로 실종된 대선은 일찍이 없었다. 한쪽에서는 '지난 5년간의 실정을 심판하자'며 분노를 부추기고, 다른 쪽에선 '탄핵당한 세력이 다시 돌아온다'고 공포를 조장한다. 적어도 이 글을 쓰는 시점에서는 여든 야든 어떤 캠프도 대선의 승패를 가를 '어젠다agenda'를 제시하지 못하고 있다.

이 답답함이 나만의 것일까? 어디서 주워들은 이야기인데, 한 젊은이가 지금의 이 상황을 영화 〈에이리언 vs. 프레데터〉(2004)에 비유하더란다. 싸움의 결과야 알 수 없지만, 확실한 것은 '누가 이기든 어차피 인류의 미래는 없다'는 것이다. 이번 대선이 바로 그 싸움을 닮았다. 누가 이기든 우리의 미래는 없어 보인다.

변질된 민주당

경선이 끝나고 후보가 확정되면 여당 후보든 야당 후보든 다시 중도층을 향한 구애를 시작할 게다. 어차피 선거에 이기려면 중도를 장악해야 하기 때문이다. 그 일에 성공하려면 양당은 중도층이 자신들을 꺼리는 이유가 무엇이고, 그 심리적 저지선을 무너뜨리려면 무엇을 해야 할지 알아야 한다.

민주당의 문제는 이익으로 뭉친 운동권 정당으로 전락해 자유주의적 정체성을 잃었다는 데에 있다. 대북전단금지법, 박형순금지법, 5.18역사왜곡처벌법, 위안부역사왜곡처벌법, 언론중재법 등 그동안 민주당에서는 집회와 표현, 언론의 자유를 제한하는 반反자유주의적 입법에만 매진해왔다.

이번 언론중재법 국면에서 민주당의 초선들은 법안의 강행처리를 주장한 반면, 당의 원로들은 법안에 '반대'하는 입장을 분명히 했다. 이 세대의 차이는 민주당의 정체성이 과거와 현저히 달라졌음을 보여준다. 그 당에 아직 남은 합리적 의회주의자들은 '10'적으로 몰려 강성들에게 집단 린치를 당하고 있다.

실제로 민주당이 지지자를 획득하고 유지하는 방식은 혁명기 대중 동원의 방식에 가깝다. 그들은 세상을 적과 아로 나누고, 허구적 명분을 내세워 대중을 '개혁'의 주체로 호출하며 날조와 조작과 선동으로 그들을 늘 정치적 흥분상태로 유지하려 한다. 이는 자유주의 정당의 정치활동과는 거리가 멀다.

그들이 삼권분립을 무시하고 사정기관을 무력화하고 언론에 재갈을 물리려 하는 것은, 자신들이 그 앞에서는 웬만한 범법쯤은 사소하게 보이는 숭고하고 위대한 대의에 복무하고 있다고 믿기 때문이다. 그들이 법을 어기고서도 반성도 사과도 하지 않는 것은 이 운동권 특유의 독선적 허위의식 때문이다.

핵심 지지층은 네트 위의 '빠'시스트가 되어 동료 시민을 괴롭히고, 여당 의원들은 이들의 광신성을 제 개인 정치에 활용한다. 이들의 지지만 얻으면 초선도 최고위원이 될 수 있으니, 당 전체가 소수의 강성지지층에 휘둘리고, 이들을 조종하는 '정치 무당(김어준)'이 사실상 당대표 역할을 하게 된 것이다.

그들은 자기들만의 세계에 갇혔다. 그 결과 당심과 민심 사이에 이 현저한 괴리가 생겨 이번 재보선에서 참패한 것이다. 이 경우 당의 궤도를 수정하는 게 정상이다. 하지만 그들은 참패를 하고도 배운 게 없는지, 또다시 시민사회와 국제사회의 만류를 무릅쓰고 언론중재법 처리를 강행하려 한다.

생각을 바꾸는 것도 어렵지만 그보다 어려운 것이 존재를 바꾸는 것이다. 민주당의 문제는 구조화된 것이라 후보 혼자 뜯어고칠 수 있는 게 아니다. 하지만 구조적 혁신은 불가능할지라도 선거에 이기려면 적어도 혁신의 '제스처'는 취해야 하는데, 강성지지층에 발목이 잡힌 민주당은 그조차도 힘들어 보인다.

민주당 정권은 조국·윤미향·박원순을 위해 보편적 상식과 정의의 기준을 무너뜨렸다. 그 결과 시민들이 진영으로 갈려 지금은 아예 하나의 세계를 공유하지 못하는 상태가 되었다. 나라를 이 꼴로 만든 것을 반성하지 않으면, 설사 정권 재창출에 성공한다 해도 그 정권의 앞날은 결코 밝지 않을 것이다.

조국 전 법무부 장관의 말을 다시 한 번 들어보자. "더 중요한 것은 용이 되어 구름 위로 날아오르지 않아도 개천에서 붕어, 개구리, 가재로 살아도 행복한 세상을 만드는 것이다." 제 자식은 구름 위로 올려 보내 놓고 서민의 자식들은 그냥 개천에서 행복하게 살라고 하니, 국민들이 분노하지 않을 수 있겠는가.

자기들은 좋은 곳에 아파트를 장만해놓고는, 월세나 전세 살며 집을 꿈꾸는 이들에게 그들은 이렇게 약속했다. "집을 소유하지 않아도 행복한 세상을 만들겠다." 서민의 귀에 이 말은 그냥 '끊어진 계층 사다리를 운명으로 알고 살라'는 이야기로 들린다. 민주당을 향한 대중의 분노는 바로 여기서 나온 것이다.

지난 재보선에서 대중이 대거 민주당을 상대로 등을 돌린 것은, 구름 위에서 개천을 내려다보며 그곳을 살만한 곳으로 만들어주겠다고 하는 용들의 약속에 가·붕·개들이 역겨움을 느꼈기 때문이다. 국민들이 이를 경험했기에 허울뿐인 평등주의 구호로 강성지지층을 결집하는 전략은 더 이상 유효하지 않을 것이다.

변화하지 못하는 야당

보수당은 '변화'해야 한다. 이는 국민의힘 지지자들도 이미 알고 있다. 이번 대표 경선에서 의회 경험이 없는 30대의 젊은이를 당대표로 뽑아준 것은 그들 자신도 변화의 필요를 느꼈기 때문일 게다. 문제는 그저 변화해야 한다는 사실만 알 뿐 '어떻게' 변화해야 하는지를 아직도 모른다는 데에 있다.

'젊은' 대표 당선이 불러온 바람이 그 변화라고 생각했지만, 그 바람은 벌써 사라지고 지금은 '어린' 대표 리스크를 걱정하고 있다. 혁신의 요란한 '형식'만 있었지 '내용'이 빠져 있었기 때문이다. 이준석 광풍이 무섭게 불던 시절 내가 '보수는 위기를 맞았다'고 진단했던 것은 이런 판단에서였다.

국민의힘은 여전히 과거에 머물러 있다. 사회가 발전하려면 변증법적으로 '정正'과 '반反'을 고루 거쳐 '합合'으로 나가야 하는데, 국민의힘은 정권의 실정에 대한 반발에서 반보다 못한 정으로 되돌아간 느낌이다. 아무리 민주당이 싫어도 발전이 아닌 퇴행은 중도층의 옵션에 들어 있지 않다.

제법 합리적이라는 후보들이 여성가족부·통일부 폐지를 1호 공약으로 내세운다. 어떤 후보는 대통령이 되면 사형제를 부활하겠다고 공언한다. 한국을 필리핀으로 만들려나보다. "국가가 국민의 모든 삶을 책임질 수는 없다"는 말이 나오는가 하면, 음모론에 빠져 총선 개표 조작설을 주장하는 이도 있다.

아무리 정권 심판 여론이 높아도 '대안' 없는 세력에게 표가 가지는 않는다. 단 한 명이라도 과감히 보수의 혁신을 외치며, 필요하면 진보적 의제도 과감히 수용함으로써 '보수가 달라졌다'는 선명한 메시지를 전달할 후보가 있어야 하는데, 그 '달라진' 보수의 표상이 아직 눈에 띄지 않는다.

누군가 하나는 당의 수구적·극우적 경향에 맞서 싸우면서 아직 그 경향에 매몰된 지지자들을 설득해내고, 그 싸움의 과정에서 대중의 뇌리에 자신을 '현대적' 보수의 화신으로 각인시켜야 한다. 그 일을 해내는 사람만이 대선후보의 자격이 있고, 그 자격을 갖춘 후보만이 대선에서 승리할 수 있다.

문재인 정권 덕에 '한 번도 경험해보지 못한 나라'를 경험해보고, '한 번도 찍어주지 않은 당'을 찍을까 생각하는 이들에게 '에이리언과 프레데터 중의 하나를 고르는' 상황을 강요해서는 안 된다. 그들의 선택을 받을 수 있도록 변화하라. 특히 이번 대선의 승패는 누가 그 변화를 적극 꾀하느냐에 달려 있다.